浅草でそろう江戸着物

文 富田里枝
絵 平野恵理子

晶文社

まえがき

三〇歳を過ぎた頃、夫の転勤で生まれて初めて浅草から遠く離れた地方都市に住むことになりました。その後も何度か転居を繰り返し、気づけば浅草を離れてから一〇年以上経っておりました。

二〇一一年に起きた東日本大震災の直後、まさか自分が継ぐとは思っていなかった辻屋本店の後継者となり、浅草に戻って来たときに、自分でもびっくりするほど体中のあらゆる細胞がホッと安心しているような感覚になったのを覚えています。

浅草は、町会単位や商店街の活動が基本になって、一年を通して毎月のように祭事や催しがある街です。落語の登場人物のような旦那衆やご隠居がいて、今の東京ではめずらしい濃いコミュニティが残っています。戦災で町の建造物はほとんどが焼けてしまいましたが、江戸時代からの庶民文化は連綿と繋がっている。さらに浅草の魅力に惹かれてやってくる新しい人たちを受け入れながらも、この街の本質が変わらないのは、地元の人々が自分たちの力で浅草を守り、次へ繋げていこうとする心意気があるからこそ。

それは、和装にもいえます。今の浅草というと観光客向けの情報ばかり取り上げられていて、和装まわりの専門店が充実していることは、意外なほど知られていません。ややもすると、お土産物や訳アリ品を安く売る店ばかりという印象を持たれているかもしれません。浅草の和装店は、街の雑多な雰囲気と一緒で、パッと見たら気づかないけれども、実は奥のほうにすごい逸品があったりします。老舗でも、店主やおかみさんは気さくでおしゃべり好き。そして下町のお節介とお世話好きで、仲良くなればいろいろなことを教えてくれます。

また「生活のなかの着物」が当たり前に生きているのが浅草です。戦後、着物はどんどん高級志向になり、特別な場面でしか着ない、箪笥の肥やしになっていきました。それがこの何年かでお洒落なスーツやワンピースと同じ、外出着の選択肢のひとつとして認識されつつあり、カジュアルな着物がずいぶん増えています。着物関連の事業者が集うイベントが各地で開かれ、インターネット、ＳＮＳでの情報拡散もあって比較的新しい和装ファンの皆さんがカジュアルな着物を求めて集まっています。

そんな光景を見ると「浅草はずっと昔から、日常のお洒落に役立つお店がたくさんあるのに、なぜ知られていないの？」という残念な気持ちでいっぱいになります。この街の人たちはガツガツしていないというか、自分からアピールするのが苦手なのです。

この本には毎日着物で働く私が太鼓判を押す、「こんなにいいお店を知らなかったらもったいない！」という浅草ならではの和装のお店をご紹介しています。

着物を着たいな、と思ったら「とりあえず浅草に来ていただければ、最初の一歩が楽に踏み出せますよ！」とひとりでも多くのかたに、伝えることができたら嬉しいです。

二〇一八年九月一二日

辻屋本店四代目店主　富田里枝

3章　浅草 着物歳時記

ブックデザイン　アルビレオ
編集協力　藤井恵子

Ⅰ章　浅草着物スタイル

1

トータル三万円でそろえる！着物&帯十下着&小物

福服浅草店

初心者におすすめのリサイクルショップ活用術

リサイクル着物とは、どなたかの家の箪笥にあった着物や帯、いわば古着です。とはいっても一度も着ていない、仕付け糸が付いていているような未使用品もあれば、大正時代や昭和初期のアンティークもあります。

着物初心者にとってハードルが高い理由のひとつは、やはりその値段だと思います。新品の反物を買って仕立てると、ある程度の値段はしますので躊躇するのは当然でしょう。その点、リサイクル着物は通常、新品を買うよりずっと安い。自分の気に入ったものを見つけたら、それこそ「掘り出し物」です。

呉服屋さんでは、反物の状態で売られていることが多く、なかなか着姿をイメージしにくいのですが、リサイクルショップでは着物の形になって並んでいるので、すぐに羽織れるのがよいところ。そして買ったらすぐに着ることができるので、明日からでも着物姿でお出掛けできます。

浅草には着物のリサイクルショップが大手チェーン店も含めると七、八店ありますが、私があえてご紹介するのは「福服」と「胡蝶」。浅草観光のついでに着物を探してみようというかたから着物上級者までが満足できる幅広い品ぞろえと、スタッフの親しみやすさがおすすめする理由です。

「着物は難しそう」と身構えてしまう人は、まずは気軽に入れる雰囲気の「福服」へ。店内には所狭しと種類別、サイズ別に分類された着物や帯が積まれています。なかにはほとんど着用していないような状態のよいものが紛れていることも。いつも一歩足を踏み入れた瞬間から、ワクワク感に包まれてしまう不思議な空間です。

大手チェーン店のように抗菌処理などをしないぶん、価格帯が低めに設定されています。小紋[*1]や紬[*2]で三〇〇〇円から八〇〇〇円、訪問着[*3]や色無地[*4]は四〇〇〇円から一万円くらいの価格のものが中心です。

入荷してから一年以上経った古い在庫品は、定期的に価格を見直していて、店内にはそういった商品をまとめたコーナーもあります。浅草店ならではの「二〇〇〇円ポッキリ」とか「ポッキリ札」が付いている超お買い得商品は、すぐに売れてしまうとか。

帯締め、帯揚げ、羽織紐などの小物類も五〇〇〇円から三〇〇〇円とリーズナブル。最低限そろえておきたい和装に関して、とりあえずここで一式購入することができます。

＊1 **小紋〈こもん〉** 全体に模様が繰り返し染められた着物。本来は型紙で小さな模様を染めた着物を指したが、模様の大小や、上下の方向に関係なく模様が入っている着物の総称。

＊2 **紬〈つむぎ〉** 真綿（繭を広げて薄く伸ばしたもの）から手で撚りをかけながら紡いだ絹糸で織った織物。全国に特色のある紬があり、産地によって紬糸のつくりかたは異なる。

＊3 **訪問着〈ほうもんぎ〉** 留袖や振袖に次ぐ格調の高い準礼装。未婚・既婚を問わず着ることができる。肩から胸、袖を通り裾までつながるように染めた絵羽模様が特徴。

＊4 **色無地〈いろむじ〉** 黒以外の一色で染めた着物。紋を付ければ準礼装、なければお洒落着になる。

サイズ選びのポイントは身丈、身幅、裄

リサイクル着物を買う際にまず注意すべき点はサイズです。おさえておくのは、①身丈《みたけ》、②身幅《みはば》、③裄《ゆき》の三か所。多少の誤差なら着方でなんとかなりますが、あまりに小さすぎたり大きすぎる着物の場合は、仕立て直しが必要になってしまいます。

まずは身丈。着物だったら羽織らせてもらい、腰紐を締めてたくしあげ、おはしょりが出るかどうかを確認します。サイズが表示してある場合は、自分の身長プラス五センチからマイナス七センチくらいの身丈を選べば、おはしょりがつくれます。身長が一六〇センチのかたなら、身丈一五三センチから一六五センチくらいの着物を選べばよいでしょう。ギリギリのサイズでしたら、なるべく腰紐を下げて締めると、おはしょりが出しやすくなります。

次に身幅。狭すぎると、歩くときに上前が開いてしまってだらしなくなるので要注意。羽織ってみて、裾を重ねたときに上前の端が右足が隠れるくらいまであれば大丈夫です。

そして裄。裄とは、背中心から袖の端までの寸法をいいます。裄が短すぎると長襦袢が下から覗いてしまって、これもみっともないことになってしまいます。少し短めというくらいなら、なんとか着られるのですが、初心者の場合はなるべく無理のないサイズを選んだほうがストレスなく着ることができます。腕を斜め下四五度くらいに下げたとき、袖が手首の小指下にあるぐりぐりのあたりまであるのが理想的です。

古い着物は生地が弱っていたり、裏地が劣化したり変色しているものもあります。「福服」のウェブサイトでもリサイクル着物は買えますが、実際手に取っていろいろ見ておくと、自

＊5 **名古屋帯〈なごやおび〉**
一重のお太鼓を結ぶ長さ（約3ｍ60㎝前後）の帯。素材と柄によってカジュアルからセミフォーマルに向く。

＊6 **絽小紋〈ろこもん〉**
絽目と呼ばれる独特の隙間がある夏の代表的な着物地に、小紋柄をあしらったもの。

＊7 **小千谷縮〈おぢやちぢみ〉**
苧麻（ちょま）という上質の麻を使い、生地全体に「しぼ」と呼ばれる細かいシワが独特の風合いをもつ。


分の着物を選ぶ基準がわかってくると思います。

　何から探してよいのか迷ってしまうかたには、「お友だちと会うときに着て行く着物」「手持ちの紬に合わせる名古屋帯[*5]」など、テーマを決めて行くとよいでしょう。

　私は「福服」で、夏の絽小紋[*6]を五〇〇〇円で買いました。七、八月の盛夏は浴衣に合わせる下駄を買いにみえるお客さまが多いので、私自身も浴衣や小千谷縮[*7]の着物を着て店に立つことが多いのですが、たまに絹物でなければという機会もあります。ちょうどそんな着物を探していたときに出会ったのがグレー系の絽小紋。仕付け糸が付いていて状態もよく、即決でした。

　リサイクル着物はシミ汚れなどが残っているものもありますが、袖の内側や帯で隠れる部分などは「着たらわからない」可能性もあります。帯の場合もたいてい体の前面になる前帯部分に汚れが付いているので、洋服の上からでも当ててみることをおすすめします。帯は長さにも注意しなくてはなりません。古い帯には短いものもあるので気をつけましょう。標準のサイズかどうかは、お店のスタッフに測ってもらえば安心です。

　また初心者は、柄が帯のどこに入っているかで締めかたが難しいものもあります。最初から最後まで帯全体に柄がある「全通柄」や、胴に巻いて見えない部分のみ柄を省いてある「六通柄」だと、柄の出しかたに気を使わずに締めることができます。

「福服」には男性用の着物も置いてありますが、女性と違っておはしょりがないぶん、身丈が合っていないと誤魔化しがきかないので、かならず試着してみましょう。

　私は「福服」特製の男性向けリメイクシリーズを見たとき、思わず「うまい！」と膝を打ちました。昔の日本人と比べて、背も腕も長くなった現代の日本人には、リサイクルの着物は身丈と裄がぜんぜん足らない場合が多いのです。そこで、裾と袖に別の布を継いで長く

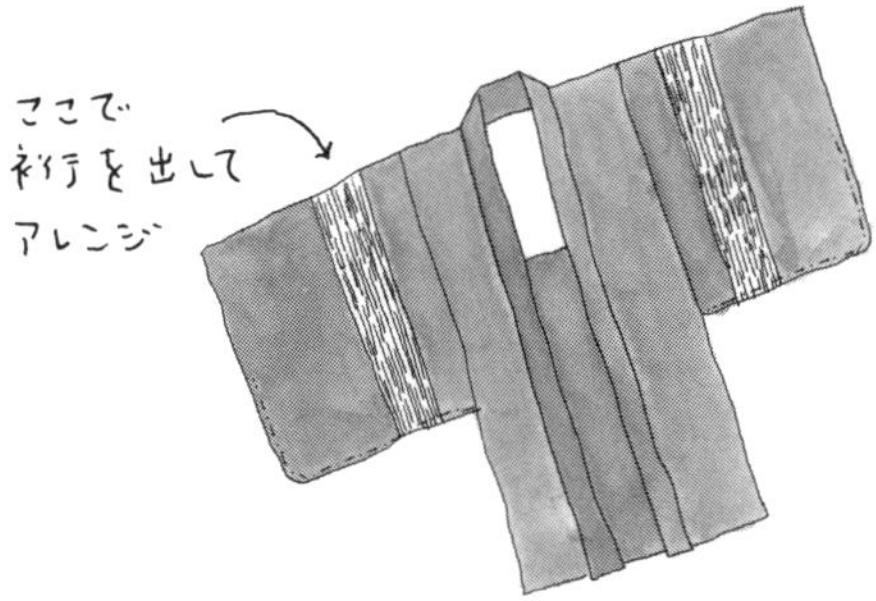

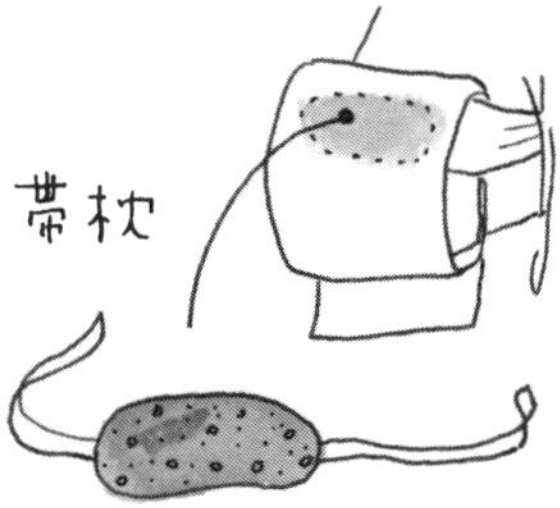

したのがリメイクシリーズです。もちろん「継ぎはぎ」には見えないようにデザインを考えていて、地味な紺の紬がお洒落に大変身。お値段は一万円から一万二〇〇〇円くらい。長着と同じようにリメイクした羽織も人気とか。羽織は裄が短いと、下から長着の袖が見えてみっともないですから、とてもよいアイディアだと思います。

浅草店の現店長は、山口さくらさん。着物にベレー帽を被ったり、ポップな柄やビーズの半衿をコーディネートのポイントにしたり、いつも個性的でキュートな着こなしです。

「まったくの初心者で、お太鼓結びに必要な帯枕の存在すら知らないお客さまもいらっしゃいます。そういうかたには、専門用語など使わずに説明するよう心がけています。ざっくりした紬と柔らかい小紋を説明するのに、お豆腐でいうと木綿と絹ごしのような感じとか」

なるほど！　こういう感性で着物が身近な存在になるのですね。

「洋服の場合、トップスとボトムスの割合はほぼ五対五なので、柄と柄を合わせるとかちあってしまいますが、和装だと着物七に対して帯三ぐらいの割合なので、柄プラス柄でも合わせやすいのです」

自分で着られるようになりたいという人には、スタッフが店内の試着スペースを使って気軽な着付けレッスンもしています。着物を着て帯を締めるというフルコース、帯結びだけなどのワンポイントレッスン（有料・予約制）と、親切に教えてもらえます。

学生のかたには、学生証を見せれば一割引きという商品もあり、邦楽、落語研究会、茶道・華道部など和の文化系サークルの学生には常連さんが多いとか。

とにかく気構えなく入りやすく、ブティック感覚で着物を選べるのが「福服」。いろいろ相談しながら羽織らせてもらって、着物のハードルを下げるにはうってつけのお店です。

ポップな柄の半幅帯
店長の山口さくらさん
着こなしセンス抜群!
お店入口手前にご案内マネキン
いらっしゃいませ!
ようこそ福服へ
NOT FOR RENTAL
ONLY SALE
今日のテーマカラーは
イエロー&グリーン♡
各種カラフルなポッキリ札!
2000円ポッキリ
3000円ポッキリ
4000円ポッキリ!
5000円ポッキリ!
商品密度の高い店内
ウール
あっちもこっちも掘り出し物いっぱい!
バッグ
拵え帯
水玉ぞうり カワイイ!
ハギレつめ放題
大、中、小の袋をえらんでつめよう!
お宝BOX
扇子
鹿の子の帯揚げ

今昔きもの胡蝶

目利きが選ぶ、古着ならではの面白さ

伝法院通りとオレンジ通りの交差する角にあるリサイクル着物の店「今昔きもの胡蝶」。通りに面したウインドーには妖艶な着物姿のポスターが貼ってあります。それがこの店のオーナー、胡蝶さん。日本舞踊・宗山流《むねやまりゅう》の家元でもあります。

ここがよそのリサイクル着物店と違うのは、ちょっと特色のある品ぞろえ。それは、胡蝶さんの個性的なフィーリング、人生そのものといってもよいかもしれません。

「私がこだわっているのは、古着ならではの面白さです」と語る胡蝶さん。最近の着物には見られない柄付けや八掛[*8]の合わせかたなど、「どんなお洒落な人が、こんなに小粋な着物をつくったんだろう」と、持ち主の人柄を想像できるところが古着の魅力なのだとか。

「八〇年代から九〇年代になって、量産品の着物が増えた頃から着物の染織方法が変わってきました。それまでは染めや織りでつくっていた着物地が、プリントとか現代技法で染められるようになり、いわゆる『ニュー着物』が生まれたんです。でも、そういうのは面白くないの。古くていい着物と、ただ古いだけの着物の見極めはものすごく難しいのです」

では、どのようにして「着物を見る目」を養ったのか。理由はその生い立ちにあります。浅草と上野の中間くらい、稲荷町の由緒あるお寺の長男として生まれた胡蝶さんは、とても

＊8 **八掛〈はっかけ〉** 袷の着物の裾裏に付ける布地。「裾回し」ともいう。

やんちゃな反面、女の子が興味をもつものに惹かれたり、音楽が鳴ると勝手に踊りだしたりするような、ちょっと変わった子どもでした。

「踊りを習っていたので自然と着物には慣れ親しんでいたし、子どものくせに呉服屋さんに出入りして、マニアックに勉強していたんです」

一九歳で国立劇場歌舞伎俳優養成課に入り、女形を修業。その後、六本木のショーパブなど華やかなエンターテインメントの世界で活躍しますが、平成八（一九九六）年に幼い頃から大好きだった日本舞踊で自分の流派、宗山流を立ち上げます。毎年三社祭では、うちが参加する「西町会」の神輿の渡御の際に、胡蝶さんはじめ宗山流のきれいどころが日本髪に白塗りの姿でお練りをしながら先導をしてくださり、それはそれは華やかです。

自他ともに認める「着物オタク」の胡蝶さん、ご自身の舞台衣装も凝りに凝っています。時代着物をリメイクしたり、昔の着物の柄を染めさせたりと、毎回衣装を見るだけでも楽しい舞台を演出されています。

リサイクル着物の黄金期にお店をスタート

宗山流立ち上げと同時期に、東京・赤坂にリサイクル着物の店をオープン。当時の古着市場には、着物の染織技術が最高だった頃の高級着物がまだたくさんあったといいます。

「普通に生活している人には手が届かないような着物や帯が、古着として店頭に並んでいました」

技術が最高だった時代というのは、大正時代から昭和三〇年代にかけてだそうです。一流

波と兎柄の袋帯

風神さん柄の袋帯

の呉服屋さんに並んでいた、最高峰の着物や帯がどこかのお宅の箪笥から出て来た時期が、ちょうど胡蝶さんがお店をオープンした頃だったわけです。

「染めや織りだけでなく仕立てや生地も、すべて最高の黄金期でした。いい腕を持った仕立て職人の仕事って、着物をほどくときに糸がすっととれるのです。褄の合わせかた、裏と表のつりのとりかたなど、もはや芸術的。今どきはちょっとハンガーにつるしておくとすぐに裏と表が波打ったりする仕立ての悪い着物もあるから」

そして、その頃は絹糸じたいも今とは違って国産でした。上質な絹糸で織った上質な生地は、手で揉んでもシワにならないし、長いあいだしまっておいても畳みジワがすぐとれます。たとえ新しくて値段が高くても、絹糸の質や撚りが悪いとすぐにシワになってしまう。

「残念ながら、時代物の状態がよい商品はいったん出尽くした感がありますね。リサイクルで売りに出される確率はかなり希少になっています」

とはいえ、古着だからこそ選ぶ際の「目利き」が大切といえます。一見、豪華な訪問着でも、アイロンをかけたらくっついてしまうような金彩加工が施されていることも。それをすぐに判断できるのが古着屋として大事な知識や経験をもっているかどうか。

「何百万もした亡くなった母の着物なんです」と持ち込まれた着物が残念ながら古着として買い取る価値がなかったり、「邪魔だから処分してほしい」と山積みの着物をただ同然でひきとったなかに、ものすごく高価な結城紬が入っていたり。そこがこの商売の面白いところでもあるとか。

「今昔きもの胡蝶」では、家庭の箪笥に入っていた不要な着物を引き取る以外に、バイヤーが売り買いするオークションで仕入れる場合も多いそうです。オークションに参加するには古物商の資格が必要。特殊な買いかたやルールがあるプロの古物商の世界では、オークションの市場主さんに信用してもらわないと、なかなかいい商品を競ることができないのだとか。

「振り台があって、そこに着物がポーンと出るんです。うちは取引額が多いから、買い頭として振り台のすぐ横の席を取れるの。そうすると、パッと見た瞬間に身丈がわかるし、商品のシミから裏の傷まで見えるわけ」

子どもの頃から独学で呉服の勉強を積んできた胡蝶さんは、オークションでも古物商の先輩たちから多くのことを学んだそうです。

「たとえば大島紬。色がすっと違う部分があるとするでしょう。それは、お蚕さんの餌が違うんです。昔の手織りの結城紬とか大島紬にはたまにそういうものがあって、傷ではなくてそれが味なのね。むしろ本物の手機《てばた》の証なんです」

「今昔きもの胡蝶」は古着市場で大量に買い付けてくるので、ときどき超目玉商品が出ることがあります。私も、昨年の夏に総絞りの浴衣を一万五〇〇〇円で手に入れました。絞りの浴衣は湯のし[*9]や幅出し、居敷当て[*10]などにもコストがかかるので、新品で仕立てたら十万円はくだらないはずです。

あえて季節感のある着物や帯を

平成九（一九九七）年に赤坂から浅草に店を移転したのは、江戸時代に芝居町があった浅草でお店を開きたいという思いがあったから。入口の上には、十八代中村勘三郎丈そっくりのねずみ小僧がいます。

＊9 **湯のし〈ゆのし〉**
布地の長さや幅を一定にそろえるために、蒸気のなかを通してシワや縮みを伸ばすこと。絞りでは、湯のしで仕立てに必要な一定の布幅に仕上げる。

＊10 **居敷当て〈いしきあて〉**
単衣の着物や長襦袢の腰のあたりに、補強のために縫い付ける裏地の布。

お店の向かい側にある浅草公会堂では毎年一月に「新春浅草歌舞伎」が興行されます。そのほか、一年を通して日本舞踊や邦楽などの舞台が上演されるので、観劇のついでに立ち寄る地方のお客さまも少なくありません。商品はほとんどがきれいな状態で、お値段も良心的というのが、舞踊関係者のあいだでは知られています。

店内は広くはないのですが、着物と帯がそれぞれ礼装用とお洒落着用に分類してあり、ほとんどが状態の良いものです。

まさに掘り出し物の数千円の着物や帯もありますが、だいたい名古屋帯で一万から三万円、袋帯で一万から五万円。紬や小紋が二万円から、そして訪問着が三万円から。

旅館や料理屋、クラブなどお仕事で着物を着るプロのかたたちが「人とはちょっと違うものを着たい」と探しに来るので、商品はどれもシミや傷みがほとんどないか、わからないくらいのクオリティの高さです。着物と帯をコーディネートして買うケースも少なくないとか。

胡蝶さんは舞踊のお稽古や舞台でお忙しいので、なかなか接客はできませんが、スタッフの女性たちは浅草らしく親しみやすいので、予算と着て行く場所を伝えて気軽に相談できます。私も「今度お祝いの席に着て行く訪問着に合う袋帯が必要だから、これくらいの値段で入ったら教えてね」とか「黒地の塩瀬[*11]の名古屋帯が入ったら見に行くね」とお願いしておくことが度々あります。

品ぞろえに関しては「着物も帯も、季節感がはっきりしているものを入れるように心がけています」とのこと。凧や羽子板、梅、桜、紅葉、藤、菖蒲、流水に蜻蛉、雪持ち笹など、その時期限定の柄は着物ならではの楽しみでもあるけれど、ひとつひとつ新品を買うのは大変。だからこそ、リサイクルでよいものがみつかれば嬉しいですね。

＊11 **塩瀬〈しおぜ〉**
塩瀬羽二重の略。細い経糸に太い緯糸を織り込むことで、独特な横畝のある厚手の布地となる。

屋根の上には鼠小僧!
胡蝶
右は、お店のオーナー、胡蝶さんの艶次女。日本舞踊・宗山流の家元
人通りの多い角にあるお店。店先もにぎやか
壁面の棚には着物、帯がビッシリ!
小物も豊富
帯じめ
帯揚げ
伊達じめ
畳じき♡
お店の外にもお徳用の品のカゴが並ぶ

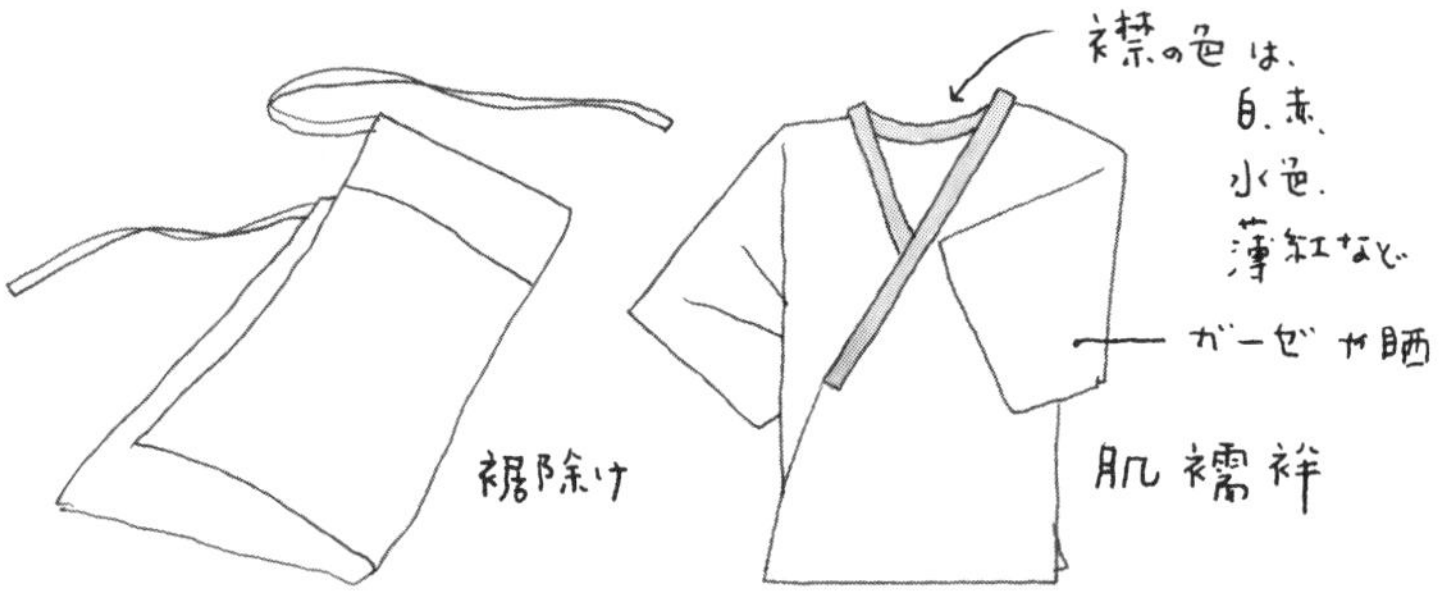

かづさや

着物の下着・着付けに必要な和装小物をお値打ち価格でそろえる

創業明治四三（一九一〇）年の和装小物専門店。雷門をくぐって浅草のメインストリート、仲見世の右側四軒目にあります。場所柄、店内はお土産物を探す外国人観光客でいつも賑わっていますが、下着をはじめ、着物を着るのに必要なあらゆる和装小物類を扱っています。知らないと気づかずに通り過ぎてしまうかもしれませんが、日本舞踊や着付け教室の先生などプロの和装人も御用達のお店。遠く九州や北海道からもお買い物に来るそうです。

いざ着物を着ようとすると、和装用の小物はどこで売っているのかを知らない人が多いようで、私もお客さまからよく尋ねられます。今はネットでも売っていますが、着物初心者はやはり実物の商品を見て納得してから、購入するのがいちばんだと思います。

まず必要な和装下着は「肌襦袢」と「裾除け」。その上に着る「長襦袢」と「伊達締め」。そして、おはしょりをつくるための腰紐。帯をお太鼓結びにする際に必要な「帯枕」と「帯板」。胸が豊かなかたは「和装ブラジャー」を使うと着崩れしないし、胸元がきれいに見えます。

「かづさや」は和装に必要な基本的な下着や小物が種類もサイズも充実し、そしてありがたいことにとてもリーズナブル。男性用の肌着や小物なども扱っていて、なんと、越中褌まで！浅草の専門店というのは、「あるべきもの」がきちんと売られていることに改めて感心して

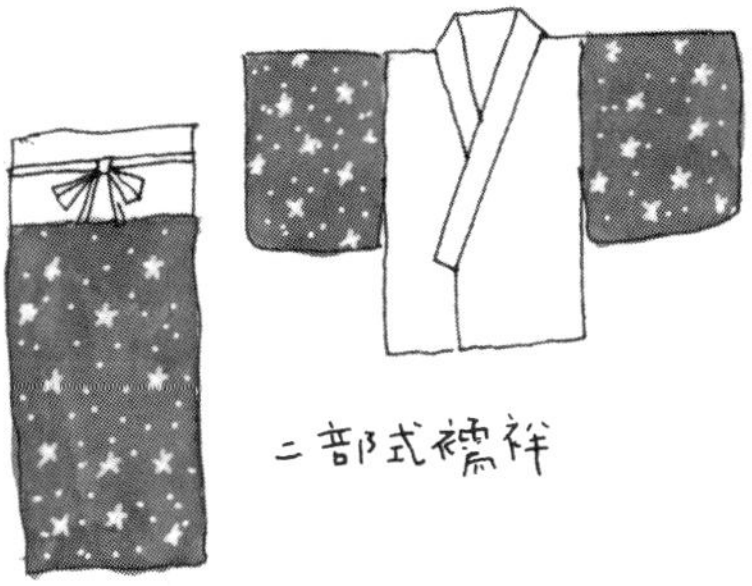

しまいます。

下着や小物類は消耗品なので、普段から着物で生活をしている私にとって「かづさや」はなくてはならない存在です。春と秋には晒の肌襦袢（一五二〇円から）、そして冬はガーゼの肌襦袢（一五二〇円から）が肌にほっこり暖かい。夏はさらっとした感触のクレープ素材の肌襦袢もあります。裾除けも通常は汗を吸うので晒でよいと思います。日本舞踊をされているかたは、ちょっと厚めの縮緬素材やツルツルしていて足さばきのよいベンベルグの裾除けを使うこともあるそうです。

そして、私が長襦袢の代わりに毎日使っているのは、洗える二部式襦袢。袖がポリエステルで、身頃が晒になっています。

袖の振りからちょっとのぞく長襦袢は、和装のお洒落の大事なおさえどころですし、美しい長襦袢をまとうと心トキメクのですが、絹だと自宅では洗えません。私の場合、履物屋はけっこうな肉体労働ですし、汗や埃で汚れるのは避けられないので、やはり肌襦袢だけでなく長襦袢もしょっちゅう洗いたい。そこで絹の長襦袢はお出掛け用にして、仕事用の着物には洗濯機で洗える二部式襦袢にしています。サイズはM、Lとありますが、二部式なので丈は調整できます。あとは裄の問題ですが、もし長すぎる場合は、袖付けの部分をちょっと糸で留めて着物の袖から出ないようにすれば大丈夫。袖の柄は何種類もあるので、着物に合わせて選べます。夏用の二部式襦袢もあり、こちらは絽の袖になっています。

帯を締めるときシワができないように前にはさむ帯板は、長さや幅が違うものが何種類かあります。長すぎると帯が浮いてしまうし、短すぎると帯の脇にシワがよるので、体格によって長さを決めるほうがよいでしょう。夏の浴衣に半幅帯のときには、メッシュの薄い帯板が

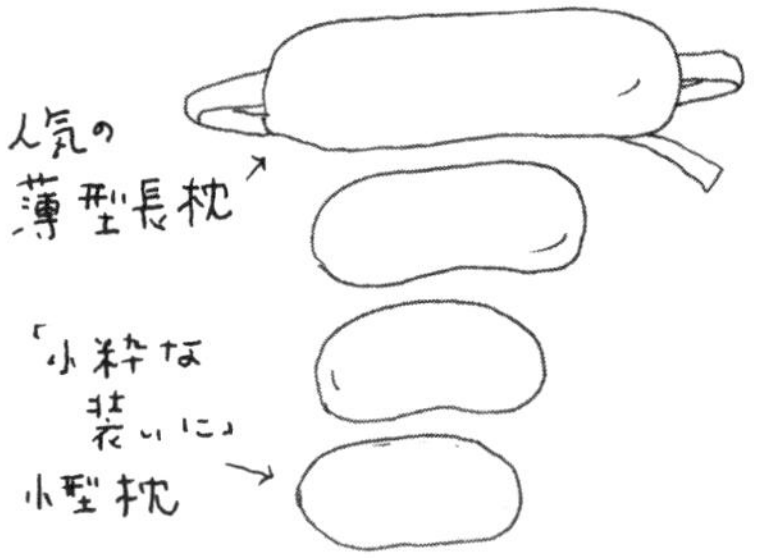

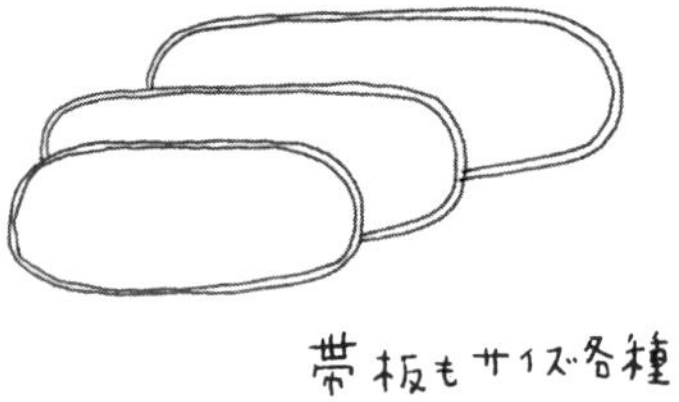

ラクチンです。
帯の形を整える帯枕にも、大きさがいろいろあることを知らない人が多いようです。大きくて厚みのある帯枕は振袖用。年齢が上になるにつれて、帯枕は小さくなります。また帯によって変えることも。礼装用の袋帯はお太鼓を大きめに結ぶので、それなりの大きさの帯枕を。普段の着物に名古屋帯を締めるときには、小さめの帯枕だとすっきりします。「かづさや」オリジナルの少し長めの帯枕は、きれいにお太鼓ができると人気商品だそうです。

見えないけれど大事なもの

着物を美しく着るには、実は長襦袢のなかに着る下着（肌襦袢＋裾除け）が肝心です。よく着付けの本などで、和装下着を持っていなければ、肌襦袢の代わりにスリップやキャミソール、裾除けの代わりにペチコートでもＯＫと書いてありますが、私はやはり和装の下着をおすすめします。なぜなら、じょうずに着物を着ようとするとき、肌襦袢と裾除けが補整の役目も兼ねるからです。

以前、着物スタイリストの大久保信子さんが講演会でおっしゃっていたのを聞き「そのとおり！」とうなずいたのですが、肌襦袢の左右の身頃でバストを覆ってボリュームをおさえ、裾除けで下腹とヒップを引き締める。ですから、簡単だからと肌襦袢と裾除けが一枚のワンピースのようになっている和装スリップを身に付けると、体の凹凸が目立ってしまうのです。

着付け教室では「着物を着るには補整して筒形の体型にする」と教えることが多いのですが、補正器具やタオルなどを巻いて補整しすぎると、動きづらいし太って見えます。体型によっては多少の補整をしたほうがきれいに着られますが、最低限にすれば自然な着姿になりますし、なによりラクです。大久保信子さんによれば、痩せていて胸元が薄いかたは、手ぬぐいを一枚、胸元かみぞおちに置くとなだらかな丸みが出ます。そして、腰のくぼみが大きい人は裾除けの紐に手ぬぐいを挟んで腰に当てればじゅうぶん、とのこと。

私自身、補整はしないで、肌襦袢と裾除け、和装ブラジャーのみ。そして長襦袢の上から伊達締めをすると、胸元すっきり効果に加えて衿元も崩れずキープできます。やわらかものの着物を着るときは、腰紐を少し下めに締めて、おはしょりが余る分を補整替わりにする方法も使います。

ふくよかなかたは着物初心者でも、和装ブラジャーを使うことをおすすめします。着崩れしづらくなりますし、帯の上に胸が乗っかっていると太って見え、野暮ったい印象になります。とくに浴衣姿は胸まわりがすっきりするので、着姿が格段に違います。

あまりに良心的な価格設定

こちらのお店では、下着以外の小物類もお手頃価格。私は、半衿は基本的に塩瀬の白を使いますが、毎日取り替えるので洗える素材にしています。洗えるのは絹交織（七二〇〇円）、アセテート（五四〇〇円）、ポリエステル（四〇〇〇円）と三種類。白い半衿が薄汚れているのはいちばん残念なので、洗っても白さが戻らなくなったら惜しがらずに新しいものを使います。またポリ素材の縮緬半衿は淡い色から濃い色まであり、手洗いできるので日常づかいに便利です。

＊12 **綸子〈りんず〉**
撚りの少ない生糸で、経糸で地を、緯糸で地紋を織る絹織物。滑らかで美しい光沢があり、花嫁衣裳や振袖、帯地、襦袢などにも用いられる。

お出掛け用にはちょっと贅沢な正絹の半衿で、無地の縮緬、刺繍、織り柄など。どれも「絹なのにこのお値段!?」と驚きの価格です。織り柄の入った白半衿はいい感じに陰影が出て、お洒落度が上がります。

「これはうちの宝物」と、「かづさや」のおかみさん、岡田孝子さんが桐箱に入った刺繍の半衿を見せてくださいました。赤い縮緬地に梅や菊、松や青海波などおめでたい柄がそれはそれは見事な手刺繍で施されているのです。「この刺繍をできる職人がもういないから出してないの」。一枚一〇万円ということでしたが、おそらくそれ以上の価値はあるはずです。

帯揚げは「かづさや」が色指定して染めているオリジナルで、綸子[*12]の正絹帯揚げが各色あり、こちらも三八〇〇円。なんて良心的! 倫出し絞りの帯揚げは、芸者さんたちが買いにみえるそうです。白地や浅葱、黒などに赤や朱の絞りがちりばめられています。

芸者さんといえば、尺籠《しゃくかご》も美しい縮緬柄がいろいろ。尺籠とは、下の部分が竹籠になっている巾着で、街を歩く芸者さんが抱えて持つ姿が優雅です。舞い扇を入れるために幅が一尺(三〇センチ)あるのでこう呼ばれています。「かづさや」では帯揚げを使っていろいろな友禅柄の尺籠をつくっていますが、生地を持ち込めばオリジナルの尺籠をつくってもらえるそうです。

「かづさや」の商品はどれも「このお値段で大丈夫なんですか!?」と叫びたくなるほどの価格設定です。大きな声ではいえませんが、デパートなどで見る品物と比較すると、ものによっては半値くらい。日常的に着物を着る人が、一年を通して全国から買いものに来られるからこそのお値段といえるでしょう。

質がよくてリーズナブルな普段づかいのものがそろう、浅草の名店のひとつです。

尺篭各種
ししゅう半襟
色柄半襟
半幅帯も
豊富にありマス
カウンターの
ガラスの下に
外国のお札
白半襟も
種類が
豊富
裾除けを
見せてもらった
肌襦袢、
長襦袢、
二部式襦袢
色柄も各種そろっている
足袋
帯枕
帯板
さや かづさや
カラフル
クラシックパンツ
越中 ふんどし
着物だけが和装じゃない！ふんどしだってあるぞ
仲見世の中ほどにあって、人通りのマックスな
ロケーション。外国人客も多し。

2

三万円で反物を買い着物を誂える

ほてい屋

まずは木綿やウールの着物から

木綿やウールの着物は裏地がいらないので、三万円くらいから新品の反物を自分のサイズに仕立てることができます。お仕立ての時間は必要ですが、色とりどりの柄から選べるのが楽しいですし、家の洗濯機で洗えるので、絹のように汚さないよう気をつかうこともありません。雨が降っても気楽です。

私も毎日の仕事用に木綿の着物が大活躍。少しずつ増やして七、八枚は持っているでしょうか。単衣[*13]で仕立てるので着る時期も長いのが利点。木綿着物に関しては、衣替えは無視して、暖かい日は薄手の、寒い日は厚手の木綿の着物を着る。あとは下着やコートで調節すれ

＊13 **単衣〈ひとえ〉** 裏のない単衣仕立てにした着物のこと。

ばいいのです。

「そろそろ木綿の着物だと肌寒いなぁ」と感じると、ウールの着物が活躍します。丈夫だから膝が抜けてくることもないし、アイロンもいらない。汚れたらドライクリーニングに出します。まさに、普段の着物にうってつけですが、虫食いには注意が必要です。保管は絹物とは一緒にせず、防虫剤を入れておくと安心です。

今や六〇代、七〇代でも着物を着た経験がないかたが多く、着物に関する疑問を身近な人に聞くのが難しくなってきました。そこで、本やネットで調べるわけですが、着物の悩みというのはかなり個人的な部分もあるので、解決できない場合も少なくないと思います。

街の呉服屋さんは、そのようなとき的確にアドバイスしてくれる大事な存在です。日本人にとって着物がもっと身近だった頃は、結婚式やお宮参り、七五三や成人式など、人生の節目ごとに着物を誂えていたので、その度に街の呉服屋さんに相談していたのではないでしょうか。もちろん、普段に着る夏の浴衣や冬のウールのアンサンブル、お稽古事で着る小紋など、家族みんなの着物も調達していたはずです。下駄屋も同じく、戦前は日本中のどこの街にもありました。洋服が主流になっても日本人の日常の履物は下駄だったので、着物より必需品だったからです。

私が自分で着物を着るようになったのは、家業を継ぐことになってからです。それまでもお正月や三社祭、お稽古事などで着ることはあっても、すべて母親まかせでした。母が病気で亡くなり頼れる人がいなくなったので、着付けを練習し、改めて学ぶようになりました。人は必要に迫られないと、なかなか本気にならないものですね。

幸い、祖母の箪笥と母の箪笥を開けると、私にも着られそうな着物が何枚もありました。

ただふたりとも亡くなってしまったので、着物の種類やどんなときに着るのかなど、もう聞くことができません。そんなときに頼りになったのが「ほてい屋」のおかみさん、町田文子《まちだふみこ》さん。いつも町内の人たちがお茶を飲みながら、世間話のついでに着物の相談をしているようなお店です。

母や祖母の着物の裄出しを頼んだり、締めづらい帯に手こずったときは、おかみさんに締め直してもらったりと、いろいろ助けていただきました。最近は、私のように着物のサイズ直しのお客さまも多いそうです。

「親戚の結婚式があるって、お姑さんの留袖[*14]の身幅出しを頼まれたの。比翼仕立て[*15]だったから、けっこう直し代がかかっちゃって。それで私の着付けでよければって、こんな狭いとこだけど着せてさしあげたら喜ばれたのよ」

向島から嫁いできたおかみさん、さっぱりした気性でとにかく親切で面倒見がよいのです。亡くなったご主人は、「ほてい屋で誂えた着物を着て行って褒められた」とお客さまに喜ばれるのが生きがいだったそうです。

「下職《したしょく》さんに恵まれたことが、うちの財産ね」

下職というのは呉服屋や百貨店、メーカーなどから仕事を請け負う職人仕事のこと。

一枚の着物が出来上がるまでには、いくつもの工程があり、それぞれ専門の職人が仕事をします。「染める」「織る」はすぐ思い浮かぶと思いますが、それ以外にも蒸気をあてて生地の幅を整える「湯のし」、布目を整えゆがみを直す「地直し」、反物から着物の形に縫いあげる「仕立て」など、着物がお客さまの手に渡るまでに、さまざまな仕事があります。

下職の職人たちは、アーティストや作家ではないので名前が出ることはめったにありませ

＊14 **留袖〈とめそで〉**
女性の第一礼装。家紋を染め抜いた五つ紋付きで、華やかな裾模様のある着物。既婚者が着る「黒留袖」と未婚者でも着られる「色留袖」がある。

＊15 **比翼仕立て〈ひよくじたて〉**
着物の衿、裾、袖口、振りなどに布を重ねて縫いつけて、二枚重ねを着たように見せる仕立てかた。おもに留袖などに用いられる。

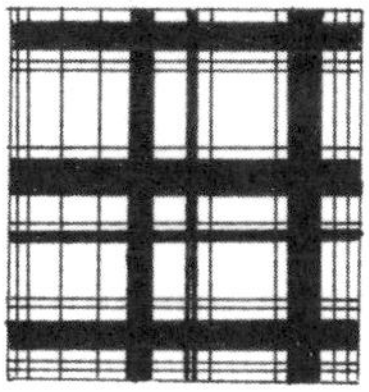
翁格子

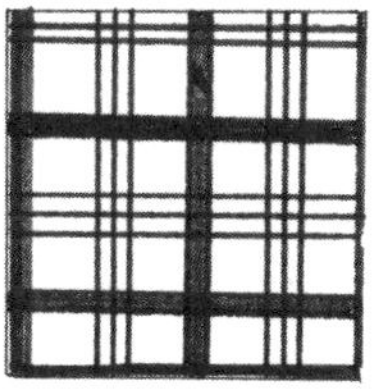
弁慶格子

大名縞

矢鱈縞

ん。着物だけでなく下駄も、家具も、台所の道具も、いい仕事をする無名の職人が支えてきた裾野の広さが、日本文化の強みなのだと思います。残念ながら、腕の立つ下職がどの分野でもどんどん減っているのが現状ですが……。

「ほてい屋」のように誠実に商売を続けてきた店は、いい仕事をする下職を抱えていて、常に下職に仕事をまわせるように考えています。

たまたま紹介でお店に来られた女優の小山明子さんが、小紋の着物を誂えたところ、仕立てのよさに驚いて、その後ずっとご贔屓なのだとか。「お客さまも、下職さんも、うちも喜ぶ商売をする」というのが亡きご主人の信念だったそうです。

縞や格子の着物がそろう

昭和三〇年代の高度成長期以降、着物が高級志向になり、絹物しか扱わない呉服屋さんが増えて、木綿やウールの着物は手に入りにくい状況になりました。でも、浅草は庶民の街。「ほてい屋」には、木綿の唐桟《とうざん》など縞や格子の着物が充実しています。なんと一反、仕立て代込みで三万円というリーズナブルなお値段。紺やグレーなど、男性でも女性でも着られる縞がそろっています。

縞は江戸の粋の代表的な柄。直線の単純な文様ですが、配色や線の太さ、間隔の違いで印象が変わります。縦、横、斜め、そして格子柄もその一種。棒縞、大名縞、子持縞、矢鱈縞、翁格子、弁慶格子など、縞や格子の種類は百とも二百ともいわれるほどたくさんあります。

縞は古くは「織筋」と呼ばれていました。室町時代に南蛮貿易により、中国南部やインド、

東南アジアから渡ってきた織物の柄を「島渡り」「島もの」と呼ぶようになり、やがて複数の線から成る文様に「縞」の字を当てるようになりました。

江戸中期に木綿が流通するとともに、日本国内でも縞の織物がつくられるようになり、とくに唐桟の着物は町人のあいだで大流行します。「唐桟」とは、インドのマドラスの港町セント・トーマスからもたらされた織物が語源。セント・トーマスが「サントメ」となり、船来品を意味する「唐」がついて「唐桟留」、略して唐桟となったとか。

「着物は縞に始まり縞に終わる」といわれ、江戸っ子の心をつかみました。歌舞伎でも、町人や商家のおかみさんの衣装によく見られますね。

江戸時代、「奢侈禁止令」でお上から贅沢を禁じられ、着物の色柄にも制約がありましたが、単純な縞に変化をつけることで多くの縞が生まれ、それが粋の美学に通じたのでしょう。

「粋が過ぎると下品になる」と、着物デザイナーでありアンティーク着物のコレクターでもあった池田重子さんもおっしゃっていました。縞の着物はあまり気負わずに、半衿や足袋もあっさりと、衿もあまり抜き過ぎず、さらりと着るのがよいかと思います。

木綿の縞の着物は仕事のときも、軽く飲みに行くときにもちょうどよくて、私は鰹縞の木綿着物を「ほてい屋」で誂えてもらい、愛用しています。唐桟は、男性も肩の力を抜いて着流しスタイルで。父は暑い時期には浴衣代わりに着ています。

木綿やウールの着物に合わせる帯は、名古屋帯でももちろん構わないのですが、せっかくカジュアルに着るので半幅帯[*16]がラクチン。「文庫結び」「角出し風」や「矢の字」などいろいろな結びかたができるので楽しいですよ。帯締めは使っても使わなくてもよいのですが、礼装向きの金銀が入ったものは合いません。

＊16 **半幅帯〈はんはばおび〉**
帯の幅が並幅8寸の半分、4寸（約15㎝）の帯。小紋や紬、浴衣などに用いられることが多く、帯締めや帯揚げがなくても結ぶことができる。

おかみさんと
向かい合っていると、
居心地のいいお店
← 縞や格子や絣の
木綿地が
たくさん！
たぬき通りにある
路面店。シブイ！
きものと帯 ほてい屋
きものと帯 ほてい屋
カッコイイ
綿風呂敷

ヒロヤ

作務衣から振袖までなんでもそろう呉服屋さん

アーケードの新仲見世商店街にある「ヒロヤ」は、作務衣や上っ張りから振袖まで、そして女性用はもちろん子ども用や男性用も扱う「なんでもそろう呉服屋さん」です。

かつては小さな街の商店街にも、一軒や二軒はあった呉服屋さんが消えてゆく今となっては、浅草に来たついでに気軽に立ち寄れる呉服屋さんとして、貴重な存在かもしれません。

私が成人式で着た振袖もこちらで誂えてもらいました。小豆色の地で今思えば振袖にしてはずいぶん地味目ですが、母が「ひと目見て気に入った」と嬉しそうに話していたのを思い出します。

最近は外国人観光客向けに、浴衣や作務衣も一年中置いています。私の店でもときどき、海外へのお土産用などに、季節はずれの時期に浴衣を探しているお客さまがいらっしゃると「ヒロヤ」をご紹介しています。お子さん用も含めてウールのアンサンブルや綿入れ袢纏もたくさんそろっているので、外国のかたにも大変喜ばれるとか。

もちろん観光客向けだけでなく、道中着[*17]や上っ張りなど、着物で働く私にとっての必需品もあり、地元にあって助かるお店です。番頭の須藤智《すどうさとし》さんは、全国にいらっしゃるお客さまの好みを把握している入社四五年の大ベテラン。

＊17 **道中着**〈どうちゅうぎ〉
外出用の上着。略式コートだが、素材によっては礼装用になる。衿は着物に似た、裾にいくにつれて衿幅が広い「ばち衿」。前を合わせ、内側の紐と衿先の外紐を結んで着る。

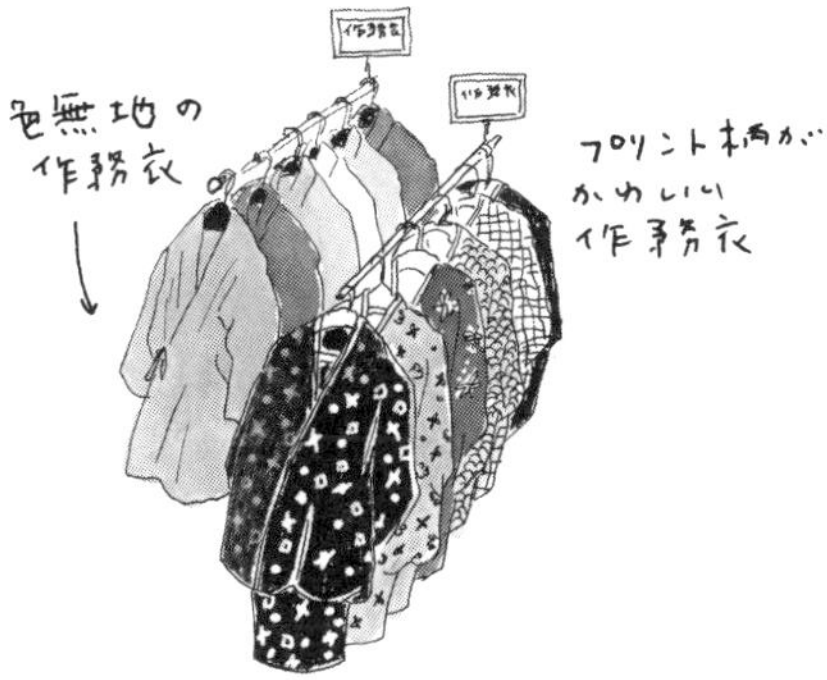

＊18 **絣**〈**かすり**〉
経糸または緯糸、あるいはその両方を部分染めした「絣糸」で織った織物。

＊19 **胴裏**〈**どううら**〉
袷や綿入りの着物、長襦袢の胴の部分に付ける裏地。

「二〇年くらい前までは地元の旦那衆やおかみさんがたの着物の相談もずいぶんありましたが、最近は浅草の商店でも和装のかたは減りましたねぇ」

私が子どもの頃、商店のおかみさんたちは着物の上に上っ張りや割烹着を着て仕事をし、ちょっとお出かけのときはそれを脱いで羽織を引っかけて行きました。毎日和装の私は、浅草でもめずらしい存在になりつつあります。もっと地元の人が着物を着ればいいのになぁ。

「ヒロヤ」の特筆すべきは普段の着物が充実していること。一年を通してカジュアル着物の定番、各種木綿の反物が並びます。同じ木綿でも産地によって地厚だったりしぼがあるなど、テクスチャーが違い、蒸し暑い日に快適な綿麻混紡の涼しい素材もあります。

着物を日常的に着ていた時代、木綿地の反物は日本各地で織られていました。代表的なものは「会津もめん」（福島）、「片貝もめん」（新潟）、「館山唐桟」（千葉）、「伊勢もめん」（三重）、「弓浜絣」（鳥取）、「備後絣」（広島）、「阿波しじら織」（徳島）、「久留米絣」（福岡）など。いずれも縞や格子、絣[*18]など、シンプルで素朴なデザインが魅力です。

私自身は、木綿の着物は繰りまわししません。つまり傷んだり、色あせたりしても仕立て直さないのです。だから家で洗うし、擦り切れるまでどんどん着ます。一方で木綿の着物でも、ものすごく精緻な絣でとても高価なものもあります。その代表的なのが薩摩絣ですし、手織りの作家物となればケタが違うお値段です。それでも、普段着としての木綿着物の需要が減ってしまったために、今では作り手がいなくなるなど消えた木綿も少なくありません。

「ヒロヤ」では片貝もめんや伊勢もめん、久留米絣などの反物が三万円前後で手に入ります。通常、木綿の着物は単衣で着るので、胴裏[*19]や八掛は必要なく、反物のお値段プラスお仕立て代で着物が出来上がります。

冬になると、ウールの着物も登場します。ウールは明治初期に軍服用として織りはじめられ、戦前はセルやモスリン（メリンス）が愛用されました。シワになりにくく、ミシン縫いができるという実用性から歓迎されたウールは各地で生産され、御召[20]を織っていた京都の西陣や、銘仙[21]を織っていた伊勢崎、桐生、八王子などの産地でウール着尺を次々に開発するようになります。

昭和三〇年代から五〇年代にかけて、ウールの着物は普段着として日本中を席巻しました。私もウール着物といえば子どもの頃着ていた黄色い格子柄のアンサンブルのイメージが強く、しばらく遠のいていたのですが、仕事着としては大変重宝なことに気づき、冬の必需アイテムとなっています。

リサイクル店では数千円で手に入りますが、反物から自分のサイズに仕立てたほうが着心地がよいのはいうまでもありません。「ヒロヤ」では四万円前後のウールの反物が並び、産地は京都が多いそうです。また、シルクが混じったシルクウールは値段が少々高めですが、やわらかい手ざわりや光沢など絹のよさを兼ね備え、お出掛け用に向いています。

各産地の紬もリーズナブルに

木綿やウールより、もうすこしよそゆきになるのが紬です。紬というのは真綿から引き出して紡いだ絹糸で織りあげる「織りの着物」。通常、糸の状態で染めてから生地にします。それに対して、繭から引き出した生糸で織った白生地に色柄を染めるのが「染めの着物」で、縮緬や羽二重などがあります。

＊20 **御召〈おめし〉**「御召縮緬」の略。精錬した糸を先染めして、緯糸に強い撚りをかけて織り、さらにその撚りを戻すことで、布地に細かいしぼを出す正絹織物。

＊21 **銘仙〈めいせん〉** 葛繭や玉繭から採れる太い生糸を緯糸に用いた丈夫な平織の着物。女学生スタイルの定番「矢羽根絣」が代表的なもの。

「染めの着物」が薄くやわらかな風合いなのに対して、「織りの着物」である紬はしっかりした感触。街着、お洒落着として楽しむ着物で、一般的にフォーマルにはなりません。織りや染めの名古屋帯、半幅帯、あるいは礼装用以外の袋帯などを合わせます。

私自身、祖母や母から受け継いだのはほとんど紬の着物。動きやすいので、店で働くときには紬が向いているのです。着物初心者にとっては、生地に固さがある紬は縮緬などのやわらかものより着付けがしやすいと思います。

紬はもともと養蚕農家が商品にならないくず繭を自家用に利用したのが始まりでしたが、手紡ぎで手織りの結城紬などお値段が三桁になるほど高価なものもあります。また生糸を染めてから織り、軽くてツヤがある大島紬も、よそゆきの高級紬として知られています。

「ヒロヤ」はさまざまな産地の紬を扱っていますが、米沢紬（山形）、塩沢紬（新潟）、石毛紬（茨城）、上田紬（長野）などがお手頃価格で、よそゆき着物の最初の一枚によさそう。なかでも、米沢紬がお仕立て付きで六万九八〇〇円という特別企画商品にはびっくりです。

「お仕立て付き」とは、着物ならではの言葉です。呉服屋さんでは、ほとんどが着物の生地つまり反物の状態で売られています。なかには仕立て上がりですぐに着られる状態になっている着物もありますが、通常は反物を選び、自分のサイズに仕立ててもらうわけです。呉服屋さんに頼むと、大抵は取引先の仕立て屋さんに出してくれますが、反物だけ買って自分で仕立て屋さんに頼むこともできます。

袷[*22]の着物に仕立てる場合は、反物以外に胴裏《どううら》と八掛《はっかけ》という裏地が必要になります。着物の胴体の裏側に付けるのが胴裏、裾のまわりや衿先、袖口に付けるのが八掛です。胴裏は着てしまうと見えませんが、八掛は歩くときに目に触れるし、裾や袖口からちょっと見えるので、

＊22 **袷〈あわせ〉**
胴裏と八掛を付けて仕立てた着物。着る時期はおもに10月から5月まで。

色選びは意外と重要。反物の色と同系色にすれば目立たなくなりますし、あえて色を効かせてアクセントにすることもできます。

つまり着物を着られる状態に仕上げるには、反物代＋胴裏代＋八掛代＋仕立て代、それに湯のし代が必要となります。湯のしは、反物に蒸気を当てて生地の織り目を整える作業で、仕立てる前に行われる工程です。

仕立て代、湯のし代などはさまざまなので一概にはいえませんが、紬や小紋の袷なら反物代プラス四万から五万円はかかると思っているといいでしょう。ですから、お仕立て付き（八掛、胴裏込み、湯のし代は別）でのこのお値段がいかにお得かわかりますよね！

「ヒロヤ」は浅草駅前で古着店から始まり、戦後になって現在の場所に呉服店を構えたそうです。浅草という街は、一年に一度、あるいは数年に一度あそびにいらして、観音さまにお詣りしてから「あのお店で買い物して」「あのお店でお昼を食べて」と、お気に入りのコースを決めているかたがけっこういらっしゃいます。こちらのお店にも、全国からお客さまが見えるそうです。

「うちは北海道から九州まで、日本中に顧客を持っております。この新仲見世の周辺だけで和装まわりのお店が何軒もあるので、うちで着物を選んでくださったお客さまが『浅草に来れば、買い物が一度にすむから助かる』とおっしゃいます」と番頭の須藤さん。

まさに、この本でご紹介する専門店は歩いてまわれる範囲に集中しています。私の父の若い頃は、浅草の中心部に呉服屋や和装まわりの専門店が何十軒もあったそうですから、よその街から比べれば今でも多いとはいえ、だいぶ減ってしまいました。時代の移り変わりとはいえ、ちょっと寂しいものです。

店内には
反物、
帯地、
バッグ類が
豊富
かごのバッグも
みんなステキ。
ひとつずつ持って
鏡で見たい！
利休バッグも
ゴージャス
番頭の須藤智さん。
コーディネイトのアドバイスが
すばやく的確！
道行コート
揃っています！
木綿の
反物、どれもステキ

3 帯で決める

帯源

着物と帯は、格式と季節を合わせるのがポイント！

着物を着るようになって、最初に悩むのが着物と帯の合わせかたです。でも洋服と違って形が決まっていますから、格式と季節さえ間違わなければよいのです。

帯の格式は着物に準じます。「染めの着物に織りの帯」という言葉をどこかで耳にして、混乱してしまう人もいるようですが、これはフォーマルの帯合わせの場合。フォーマルの「染めの着物」とは留袖、訪問着、色無地です。この着物に合わせる「織りの帯」でいちばん格式が高いのは、金糸銀糸を用いて柄を織り出した錦織[*23]や唐織[*24]、綴織[*25]など重厚感がある袋帯[*26]。礼装の場合、この帯をお太鼓の部分を二重にして二重太鼓に締めます。

＊23 **錦織**〈**にしきおり**〉金糸や銀糸、その他多彩な色糸で模様を織りだした絹織物の総称。

＊24 **唐織**〈**からおり**〉綾織地に色糸で刺繍のように模様を織りだした豪華な絹織物のこと。高級帯地のほか能装束に用いられる。

＊25 **綴織**〈**つづれおり**〉横糸だけで文様を表現する平織りの一種。爪掻本つづれ織は手の爪をギザギザにカットして横糸を爪で織りこんでいく高度な技法。

二重太鼓を簡略化し、一重のお太鼓を結べるように短くしたのが名古屋帯です。錦織や唐織など格調高い織りの名古屋は、訪問着や色無地、あるいは江戸小紋[*27]などに向きます。反物幅が九寸（約三四センチ）のため、「九寸名古屋帯」とも呼び、フォーマル用の袋帯と、カジュアルな染め帯との中間的存在といえます。

同じ織りでも博多織の帯や紬の帯はカジュアルなので、紬や小紋などに合わせます。あらかじめ帯地を八寸（約三一センチ）幅に織っているため「八寸名古屋帯」「かがり帯」と呼ばれます。

季節については、夏の単衣や薄物の着物の時期には、薄手で織り地に透け感のある絽《ろ》や紗《しゃ》、羅《ら》などの帯を、それぞれの格式に合わせて選びます。

新仲見世商店街にある「帯源」は、博多織や西陣織など、織りの帯の専門店。染め帯は扱わず織りの帯だけというのは、専門店のなかでもかなりめずらしいです。

「祖父が京橋の帯源という店で修業をしていて、そこから屋号をいただいて始めたらしいです」と語るのは四代目の高橋宣任《たかはしのぶひで》さん。

わずかな幅の違いが着姿にひびく

「帯源」といえば、オリジナル商品の「博多織の鬼献上男帯」は歌舞伎役者や邦楽奏者、噺家などのあいだで知らない人はいないほど。

「通常、男物の幅は二寸四分（九センチ）で輪に織ってあるのですが、うちの鬼献上は幅が二寸（七・五センチ）で、芯を入れて仕立ててあります」

＊26 **袋帯〈ふくろおび〉**
二重太鼓を結ぶ長さ（約4m30㎝以上）の帯。もともとは袋状に織られていたが、今は表地と裏地をかがって仕立てたものがほとんど。錦織や唐織など金、銀を用いたものは礼装用に、控えめな色柄の洒落袋帯はお洒落着に合わせる。

＊27 **江戸小紋〈えどこもん〉**
細かい模様を彫った型紙を使い、模様部分を糊で防染して単色で染めた型染めの着物。遠目に見ると無地に見えるのが特徴で、江戸時代の武士の裃（かみしも）に用いられて発達した。一つ紋を付けると準礼装になる。

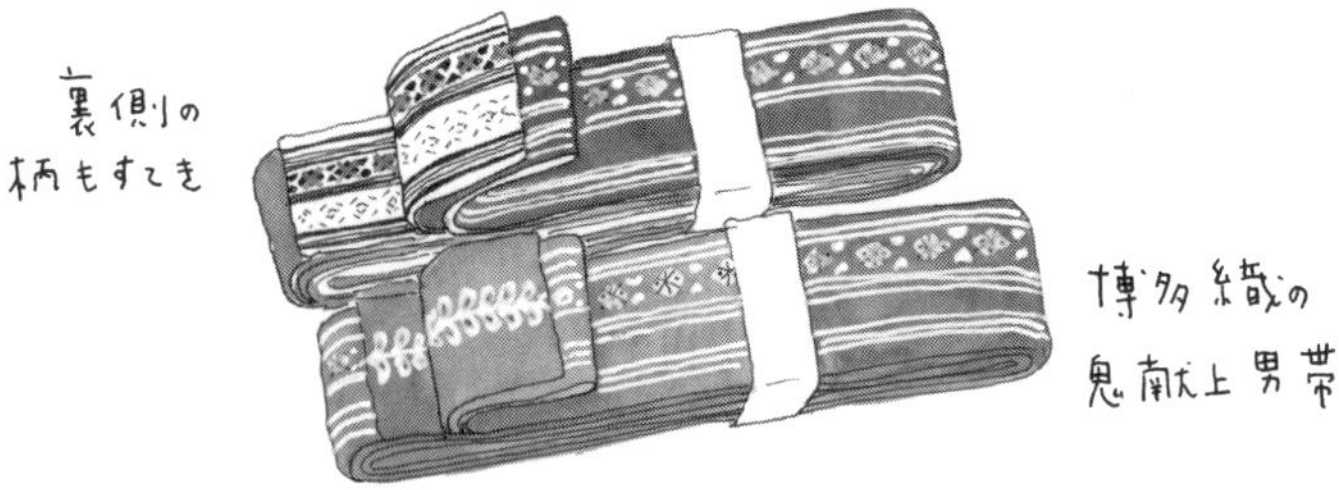

一般的な男物の帯である角帯より、四分狭いのが鬼献上。四分といえば約一・五センチですが、和装の場合そのわずかな差が着姿に影響するのです。

「開きの生地の両側を折って中に芯を入れ、手縫いで仕立てます。帯の色もうち好みの配色です」。博多織の帯は宣任さんが直接、福岡の織元で仕入れてくるので、男性用も女性用も「帯源好み」の色やデザインがそろいます。

博多織といえば独鈷と華皿を図案化した「献上柄」が有名ですが、江戸時代、筑前藩主黒田長政が幕府への献上品としたことから「献上博多帯」と呼ばれるようになりました。男性の角帯、浴衣の半幅帯、着付けの際に使う伊達締めなど、献上柄はどこかで目にしたことがあるでしょう。

今から約七八〇年前、満田《みつた》弥三右衛門《やざえもん》という博多商人が宋へ旅立ち、織物の技法を習得し、帰国後に伝えたのが始まりといわれます。弥三右衛門は博多織の独自の織紋様を考案する際、宋の国へ一緒に行った承天寺の聖一国師に相談し、仏具である独鈷《どっこ》と華皿《はなざら》で模様をつくったそうです。独鈷と華皿模様の脇には、「親子縞」「孝行縞」と呼ぶ二種類の縞がありますが、太い線が親、細い線が子をあらわします。

このように縁起物の柄を折り込んでいるので、昔から博多帯は厄除けとされていたようです。

噺家が黒紋付きに博多献上柄の角帯を締めているように、男帯の場合はフォーマルにもカジュアルにも締められます。お茶席など献上柄を目立たせたくないときは、地色と柄が同色のいわゆる共糸の献上柄を選べばよいと思います。

博多献上柄の角帯の柄は、華皿が上、独鈷が下になるように締めるのが正しいそうです。

用途に応じて種類が豊富な博多帯

女性の献上博多帯も金糸銀糸で織ればフォーマルにも使えますが、現在はお洒落着のイメージが強いので、平織りの八寸名古屋帯を紬、小紋に合わせるのが一般的です。

平織の八寸名古屋帯は芯を張っていない一枚仕立てなので、単衣の着物に締める帯と思っているかたもいますが、一年を通して締めることができます。とくにどの帯を締めてよいかと悩む六月と九月の単衣の時期には、たいへん重宝な帯です。また、芯がないので薄手で軽く、ハリがあってお太鼓の形が決まりやすいため、初心者にも締めやすい帯といえます。

経糸《たていと》の密度を多く、撚り合わせた太い緯糸《よこいと》を強く打ち込んでいるため、締めるときに絹擦れの音がします。これを「絹鳴り」と呼ぶそうですが、博多織は締まりがよいので、うっかりきつく締めすぎてしまい、あとで苦しくなることもあるので気をつけています。

同じ献上博多帯でも、七月から八月の盛夏用に「紗献上」があります。紗という透けた織りかたをしていて、見た目にも涼しげに見えます。盛夏の薄物の着物だけでなく、浴衣に紗献上の八寸名古屋帯を締めれば、ちょっと上級者の浴衣の着こなしとなります。

半幅の博多帯は浴衣に締めるかたが多いと思いますが、「帯源」には浴衣の時期に限らず一年中あります。リバーシブルになっている袋状の博多織の小袋帯は、木綿やウール、普段の紬や小紋などに気軽に締めることができます。キュッと締まって緩みづらく、軽くて疲れないので、働くときの着物に向いています。リバーシブルになっているので二倍楽しめるのもお得な感じです。

四代目宣任さんのお母さま、和子さん
コーディネートの相談に乗ってくださる♡

気をつけたいのは、袋状ではなく単衣に織ってあり、表裏がある半幅帯は浴衣や単衣の着物用です。一枚仕立てなのでより軽いですから、猛暑の日には助かります。

「帯源」は博多織だけでなく、第一礼装の留袖や振袖に合わせる西陣織の本袋帯から、紬や小紋に合わせる洒落袋帯、名古屋帯までそろいます。

着物初心者にとって難しいのは「着物の格」。宣任さんのお母さま、和子さんは「着物をお持ちいただければ、責任もって帯をお選びしますよ。おばあさまやお母さまの着物であれば、帯はそのかたに似合って、年齢に見合う、着て行く場に相応しいものをお見立てします」

また、洋服の感覚だと着物と同系色を選んだり、つい無難な黒やグレーなど無彩色を選びがちですが、帯の合わせかた次第で同じ着物がまったく違う印象になるのが和装の醍醐味。

「古くから『帯に派手なし』といわれます。着物は形が全部同じですし、アクセサリーなどでアレンジできません。ちょっと地味かなという着物でも合わせる帯次第でお互いを惹きたてる組み合わせになりますよ」と和子さん。

帯の仕立てにも「帯源」のこだわりがあります。帯に仕立ての良し悪しがあるなんて、私もこちらで聞いて初めて知りました。

「帯の生きるも死ぬも、仕立て屋次第です。耳のかがりとか、目の細かさとか、生地によって仕立てかたもすべて変えます」と宣任さん。「仕立てがよくないと、使っているうちにどんどん狂ってきてしまいます」

仕立てる際、帯の幅もその人に合わせて調節してくれるそうです。背の高さや体格だけでなく、年齢やお仕事によって帯の高さも人それぞれですから、帯の幅の好みをきいてもらえるのは、とても大事なことだと思います。

端整な雰囲気の
→店先と、
←ウィンドウ
四代目の
高橋宣任
さん。
すっきりと見やすい
店内は、
キリッとしていて、
江戸風味
カウンターに置かれた
椅子の
上には、
荒磯
模様の
お座布団。
イカしています！

はんなり

趣味の染め帯で一歩進んだ和装を楽しむ

白生地に色柄を染めた帯を染め帯といいます。染め帯は、金糸銀糸で刺繍を施したり、鳳凰紋や宝尽くし、亀甲などの格調高い文様の場合は準礼装になりますが、御召、小紋、紬などフォーマル以外の着物に合わせて楽しむほうが多いでしょう。

染め帯には塩瀬や縮緬などの柔らかい生地が多く、芯を張って仕立てる九寸名古屋帯がほとんど。塩瀬はすべすべした触り心地で光沢があり、縮緬はシボがあり、ざらついています。染色技法は型染め[*28]、絞り染め[*29]、ろうけつ染め[*30]などがありますが、表現方法が幅広い手描き友禅染め[*31]は、着物の着こなしにあそび心を取り入れるには強い味方です。

たとえば、季節感を演出する四季折々の草花の柄、雛祭りや花火など年中行事にちなんだ柄、あるいは猫や酒器など趣味性のある絵柄などがあります。出掛ける場所と目的に合わせたストーリーを考えて、着物と帯を組み合わせれば、ちょっと上級者の着こなしになります。染め帯の柄の話題で会話が盛り上がったり、見る人を楽しませる効果があるかもしれません。

浅草公会堂の前にある「はんなり」は、定番の着こなしから、一歩上級の和装を楽しみたいと思っているかたにおすすめのお店。店内は和モダンな雰囲気で、ウインドーには季節に合わせた着物や帯が展示されていて、通るたびに目を楽しませてくれます。

＊28 **型染め〈かたぞめ〉** 型紙を使う染色方法。型抜きした部分に染料を付ける染色法と、型抜きした部分に防染糊を付け、地を染色する方法がある。

＊29 **絞り染め〈しぼりぞめ〉** あらかじめ布地を部分的に糸でくくったり、縫い締めたりしてから染色する方法。絞った部分が白く残って立体的な模様となる。

＊30 **ろうけつ染め〈ろうけつぞめ〉** ろうを防染剤にして染色する方法。代表的なものにジャワ更紗がある。

＊31 **友禅染め〈ゆうぜんぞめ〉** 模様と模様のあいだに友禅糊を置いて防染することで、多彩で華麗な絵文様を染め上げる染色法。江戸時代の扇絵師・宮崎友禅斎によって始められた。

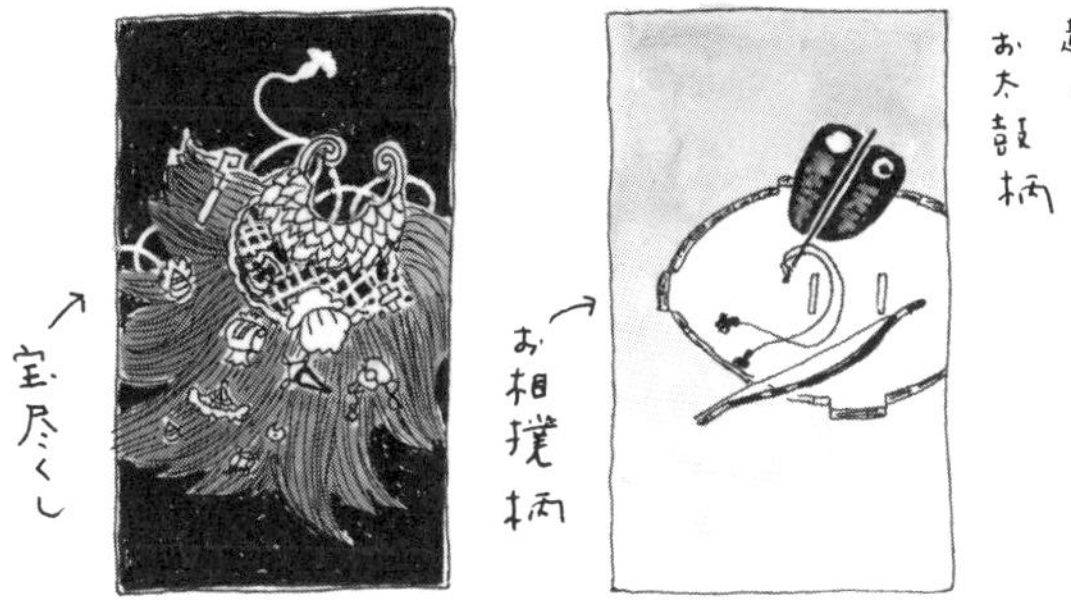

私がとくに注目している手描き友禅の染め帯は、春にはソメイヨシノや枝垂れ桜、初夏に藤の花、そして菖蒲。三社祭が近づくと、纏《まとい》や神輿など粋な柄。秋には紅葉や銀杏、お酉さまの時期には熊手の柄。師走に入るとサンタクロースやクリスマスツリー柄の帯……。小さな商店が軒を連ねる浅草は緑が少ない街なので、「はんなり」の前を通りかかって季節のうつろいを感じるのが私の楽しみのひとつです。

「はんなり」の染め帯には、歌舞伎や文楽の演目や落語の外題など古典芸能好きの心をくすぐる柄もよく登場します。たとえば「釣鐘と桜の花びら」の柄は文楽や歌舞伎でもよく知られた「道成寺」、「あたりや」と書いた蕎麦の屋台なら落語の「時そば」というふうに、歌舞伎好き、落語好きが見ればすぐにピンとくる暗号のような柄があります。

染めの技術のなかでも、手描き友禅は型染や絞り染めに比べると自由度が高いので、オリジナルの染め帯をつくることも不可能ではありません。実際、芝居や長唄の一場面を帯に描いて欲しいというお客さまもいらっしゃるとか。ただし特別注文はキャンセルできないので、お店にある商品の一部分をちょっと変えてもらうというふうにしたほうが、慣れないかたには安心だと思います。たとえば、江戸時代の歌舞伎小屋の絵柄で、幟の部分に自分のご贔屓の役者の名前を入れてもらうなどの注文は過去にもあったそうです。

そんなちょっと変わった染め帯を探しにくる古典芸能ファンも少なくありません。歌舞伎を観に行くとき、演目や贔屓の役者にちなんだ帯を締めて行くなんて憧れます。実は私もそのひとり。辻屋本店のある伝法院通りには世話物歌舞伎の代表作「白浪五人男」の人形があるので、その五人を描いた染め帯を見つけ、思わず購入してしまいました。とはいえ、そのものずばりの演目がかかっているときに締めて行くのは、少々気恥しいかもしれません。

「古典芸能には、着物や帯の題材になるものがたくさんありますよ」と語るのは、社長の中《なか》瀬賀暁《せよしあき》さん。呉服屋さんって意外とご自分が着物を着ていない人が多いのですが、以前は中瀬さんも仕事のときはスーツでした。

「三八歳くらいの頃、煙草をやめたら三〇キロくらい太っちゃって、スーツが着られなくなったんです。あ、そうだ呉服屋だし着物を着ればいいんだって気づいてからは、毎日着物です」

ちょうど同じ頃、ある銀座のクラブのママに「あなた着物を売ってるのに歌舞伎も観たことないの?」といわれて連れて行ってもらったのがきっかけで、歌舞伎座通いが始まりました。

その後、文楽やお能にも興味が出てきて、落語にもはまり、「寄席や落語会へ年間百席以上通っていた時期もあった」とか。今では小唄や三味線も習い始めたそうです。

オンリーワンの商品づくりへ

「はんなり」の本社は呉服の製造卸業です。滋賀の長浜で先祖代々、白生地を扱う問屋を商っていたところ、中瀬さんのお父さまが東京に出てきて製品を売るようになりました。

浅草に小売店の「はんなり」をオープンしたのは、十数年前のことです。最初はメーカーや大問屋から仕入れた着物や帯を並べていました。もともと卸業のため、よその店より安い値段だったのに、まったく売れません。

「それまで自分たちが売っていたものとお客さまが欲しいものが、いかに離れていたかということです」と中瀬さん。今の時代、いくら安くても魅力のない商品に消費者はお金を出さ

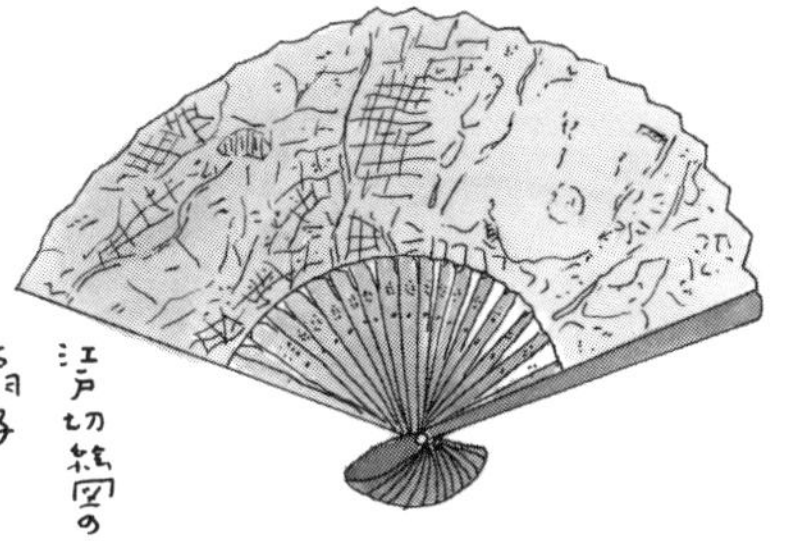

江戸切絵図の扇子

ないのですね。呉服業界全体が低価格へ流れていくなか、中瀬社長は「オンリーワンの商品づくり」に方向転換します。「つくる側が売ることだけを考えてつくると、ありきたりで無難なものばかりになってしまいます。それではお客さまは満足しません。本当に自分に似合う、ほかにはない着物や帯を選びたいはず」

中瀬さんは時間ができると美術館へ行くことも多く、酒井抱一とか鈴木其一など江戸琳派の絵師の名作を参考にすることもあるそうです。

「これを帯の図案にしようと決めたら、職人には美術館に行って実物を見てもらうんです。以前は図録を渡して描いてもらっていたのですが、それだと全然うまくいかなかった」

職人さんの側も面白がって、張り切って描いてくれるのだとか。

毎年夏になると「はんなり」に並ぶ沖縄の着物や帯が素晴らしく、お店にあそびに行ってはうっとり眺めていたのですが、これだけの品ぞろえがあることをもっとたくさんの人に知って欲しい。そして辻屋本店の履物と一緒にご紹介したいと考えて、合同でイベントを開催したことがあります。題して「中瀬社長の清《ちゅ》ら布《ぬぬ》語り」。清ら布とは沖縄の染め織りのことです。

イベントでは沖縄を代表する宮古上布や芭蕉布、八重山上布、紅型など、希少な着尺や帯を四〇点あまりも見せてくださいました。なかには普通乗用車一台分くらいのお値段が付くような人間国宝の作品もありましたが、基本的には中瀬さんが作家さんたちに直接発注されています。

「沖縄の空や海の色、光の強さのなかで映える着物が、東京など都会で素敵に見えるとはかぎらないので、お客さまが求めている色やイメージを具体的に伝えます」

「はんなり」の着物や帯が見る人をハッとさせるのは、中瀬さんが職人とお客さまを直接つなげているからです。買う人が着たいと思う着物をつくってもらうように、つくり手側も育てる。つくり手と買い手のパイプ役になって独自の商品をつくるのが「はんなり」らしさなのでしょう。また流通に無駄がない分、手頃な価格で提供できるわけです。

沖縄の染め織りにかぎらず、つくり手の減少、高齢化は深刻な事態になっています。着物を買う人、着る人がいてこそつくる技術が残ります。衰退する着物文化に歯止めをかけるには、つくり手、売り手、買い手のトライアングルがお互いを高めあっていくことが必要なのだと思います。

着物の雑誌や、街で見かける着物姿の人々を見ていると、この十数年で着物の傾向がずいぶん変わったと感じます。茶道などのお稽古事、成人式や結婚式など特別な日に着る以外に、ちょっとした外出の際に、お洒落アイテムのひとつとして着物を選ぶ人が増えているようです。落語やお相撲を和装で楽しむ人も少なくありません。

着物が非日常から日常になると、着物や帯の選びかたも変わってきているようです。より洋服に近い感覚になって、彩度の高い、きれいな色目のものが好まれるようになっているのでは。

「はんなり」の着物や帯は、季節感や伝統的な技法など着物ならではの魅力を生かしながら、時代の感覚も取り入れているところが強み。御召や紬も無難な色にとどまらず、顔映りのよいきれいな色が並びます。

ただ「和装の人」というだけでなく「お洒落な和装の人」をめざすかたの着物選びに、ぜひ覗いてみてほしいお店です。

かんざし、小物のディスプレイも
高級感たっぷり♡
シックな木製の什器で、
モダンな店内
社長の中瀬賀暁さん
着物姿がキマっています
中瀬さんの
羽裏、
江戸切絵図
おしゃれ!!
ウインドウも
趣味が
ピカリ

4 小粋な小物づかいを楽しむ

蔦屋袋物店

古い裂地で美しい袋物をつくる

着物を着始めの頃は、着物と帯にしか目がいきませんが、バッグや履物に意識を向けると、着姿がぐっと素敵になります。値段が高い安いではなく、装いに合った小物選びが大切。気に入った小物を見つけてアレンジするのは賢い和装のお洒落ともいえます。

古代裂《こだいぎれ》を使って細工した袋物の専門店「蔦屋袋物店」は、腕のいい職人だったご主人の幸《こう》岩久雄《いわひさお》さんが亡くなってからは、おかみさんの春子さんが切り盛りしています。

「古代裂」とは明治中期以前の百年以上の時代を経た古い染織品の端布のこと。日本では、一六世紀後半から一七、八世紀にかけて、インドやインドネシアでつくられた

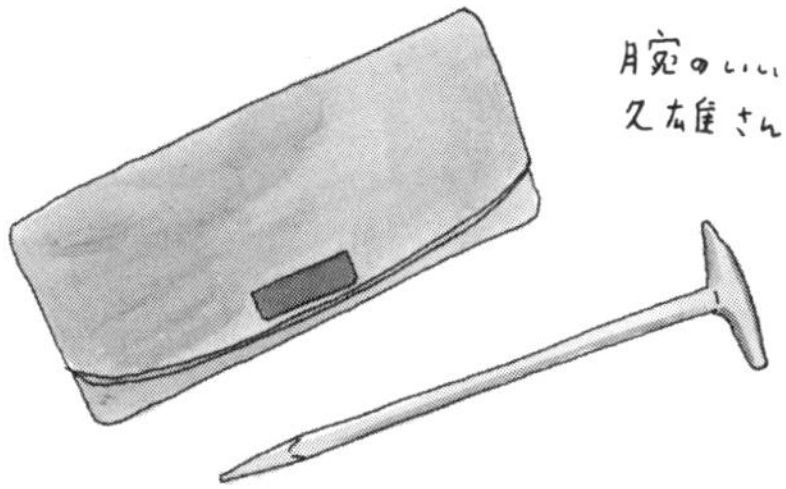

腕のいい職人だった
久雄さんが使っていたお道具

美しい布地が海を渡って来ました。当時は、インド更紗、ジャワ更紗（バティック）など異国情緒たっぷりの柄、鮮やかな色は珍重され、袱紗や茶入れ、屏風などに仕立てられて大名や茶人に愛されました。

古代裂をあしらった細工物はその後、煙草入れや袋物、帯の装飾など江戸の町民のあいだでも人気となります。

「亡くなった主人は、よそさまでできない仕事をするという自負がありましたから、そんな仕事をわかってくださるお客さまがついてくれました」とおかみさん。

お得意さまには噺家さんが多く、とくに三代目古今亭志ん朝師匠はご主人の仕事ぶりを気に入ってよく来ていたのだとか。

「頂点に立った人は職人をとっても大事にしてくださるから、どんなに手が掛かって苦労した仕事でも、先方がわかってくれると職人は嬉しくなるのよね」

更紗の裂《きれ》は専門業者から一壺いくらで仕入れるとのこと。「くしゃみすると飛んでしまうような布でも、うちにとって大切な材料」

百年以上経つ布は「〝しょろぴり〟といって無理に引っ張るとパッと破けてしまう」ほど脆くて扱いが難しいそうです。布を明かりに透かして、破れそうな部分を探して修繕し、透けるほどになってしまった古い布でも丁寧に裏打ちしてから細工をします。ほうぼうに穴があいていても、表から見たらまったくわからないようになるのは、まさに熟練の技術。

「長さ二センチほどの小さな針で縫うの。主人は太っていたから、指のなかに入ってしまうような針ね」

どんなに小さなものでも、時を経た美しい裂地を大切にして蘇らせていく感性と手先の器用さは、日本人らしい文化だと思います。

お客さまには鳶の頭も多かったそうです。それでも「この頃は、噺家も鳶の若い衆も、こういうものに興味がなくなってきてるはね」とおかみさん。やっぱり粋な男の着物姿のとどめは、こちらの袋物。若い噺家さんや鳶のかたたちも、ぜひ興味をもって欲しいものです。

そして、ご主人の職人の腕をなにより頼りにしていたのは、歌舞伎の世界だったとか。歌舞伎などの小道具専門店「藤浪小道具」は、江戸時代に歌舞伎の芝居小屋が集まっていた浅草の猿若町にあります。ご主人の生前中は、その「藤浪小道具」からいつも、注文があったそうです。

「『白波五人男』の煙草入れなんかつくると、役者さんが付けたさまを歌舞伎座まで観に行って、『今の若い役者は付けかたも知らねえなぁ』とか、ぶつぶついってました（笑）」

煙草入れの紐の長さは角帯の幅に合わせて決めるのですが、長く使っているうちに絹の紐は伸びてしまう。それを見て「『紐が伸びちゃってお尻のあたりでフリフリ揺れててみっともないから、そろそろだな』とかね」。歌舞伎役者はおしろいの手で触るからすぐダメになるため、毎月のように藤浪小道具から注文が入っていたそうです。「玉三郎さんや菊五郎さんは小道具もこだわりがあるから、ご自分用につくっていました」

日本の伝統芸能を支えている人が、浅草のここにもいたのですね。

ご主人の家系は元々、歌舞伎の関係なのだそうです。「家系図でいえば玉三郎さんまでつながっている坂東のおうちなの。幸岩のお父さんは義太夫の三味線弾きになるべく修行してたんだけど、戦争でお師匠さんが亡くなって、もう芸では食べていけないってことで、袋物職人に弟子入りしたんですよ」

＊32 **付け下げ〈つけさげ〉** 反物の状態で柄付けをする際、胸、肩、上前、後ろ身頃、袖の柄が、仕立てたときに上下逆にならないように模様を付け下げた着物、またはそのような模様の配置法。訪問着と小紋の中間的な存在。

浅草で生まれ育ったおかみさん、実は長唄のお師匠さんでもあって、「蔦屋袋物店」の先代に出稽古に来ていたのだとか。そんな粋なおかみさんが、長唄のお仕事をしながらご主人の跡を継いでお店を守っています。

江戸のお洒落人を見習ってみる

古代裂の細工物はカジュアル向き。礼装には使えません。ほかの人が持っていないものを身に着けたいという、いわば和装のお洒落をしつくした人が行き着くところでもあります。たとえば無地の着物に切り嵌《きば》めで古代裂を嵌め込み、短冊や扇面の柄をあしらって付け下げ＊32にしたり、帯のたれに古代裂で遠山の柄を嵌め込んだり。

上方舞の名手、武原はんさんはこちらの帯を気に入ってご自分用のほか、贈り物にもされたそうです。「こういう職人がいるんですよってことがわかるように、わざと仕立てないで差し上げることもありました」

江戸時代のお洒落な人々のあいだで、更紗はかなりブームになったようです。オランダ東インド会社は一六一九年からインドネシアのパタヴィア（今のジャカルタ）に本拠地を置き、年に銀四十トン分、約一五〇〇万枚のインド布が東南アジアや日本に運ばれたといいます。のちに「和更紗」と呼ばれる型染めの国産更紗が生まれ、「沙室師《しゃむろし》」という更紗をつくる専門職人もいました。浮世絵にも舶来の更紗の帯を締めた深川芸者や、和更紗をあしらった着物をまとった町娘の姿が描かれています。

私たちも、江戸のお洒落人を見習ってコーディネートに採り入れたらきっと素敵。エキゾ

合財袋。
柄が豊富で
夢が広がる♡

大ぶりの利休バッグ。
格子柄がさわやか

チックな布の色や柄は個性が強いので、着物や帯の一部にちょこっとあしらう。初心者には上級編かもしれませんが、古代裂をあしらったバッグならば入りやすいと思います。「蔦屋袋物店」オリジナルの利休バッグは、裂によって多少お値段は違いますが、だいたいが四万円台。確かにお安くはないけれど、ちょっと頑張れば手が届くお値段です。ひとつつくるのに掛けられる手間と技術、そして希少な古代裂を使っていることを考えれば、ブランドのバッグよりずっと魅力的。一張羅の紬にさりげなく持ってみたいものです。

男性には印伝の提げ袋。印伝とは、藁灰や松葉などを燃やし、その燻し出た煙で、糸を巻いたり糊を置いたりして柄を付けた鹿革を燻べることで染める技法。桃山時代から江戸時代に盛んに行われた技法が「今の時代、煙が公害問題になるとは残念ね」と、おかみさん。江戸時代の寛永年間に、南蛮貿易によりインド産装飾革が江戸幕府に献上されたことから「インド（印度）伝来」＝「印伝」と名付けられたという説がありますが、鹿革屋さんに聞いても本当の意味はわからないそうです。

勝ち虫(蜻蛉)やひさご(瓢箪)、爪唐草など甲冑で使われた柄が今でも受け継がれています。「蔦屋袋物店」の印伝提げ袋は紐には正絹を、紐を通す爪（コキといいます）には牛骨の脛の骨を使った本格派。ナイロン紐やプラスチックのコキを使用した提げ袋に満足できない殿方が、こちらを目指して訪れます。

さらに凝り性の人は江戸時代の火消しが着た革袢纏を解体して、帯や袋物にします。店内に江戸の革袢纏が飾ってありましたが、状態の良いものが今はなかなか手に入らないそうです。知れば知るほど奥深い古代裂の世界。和装のお洒落は突き詰めていくと、必ず歴史を知ることになるのも、面白さのひとつです。

亡くなったご主人の
幸岩久雄さん
高屋 袋物
ウィンドウを
のぞくだけで ワクワク♪
ショーケースに
久雄さんの 写真が
お女将さんは、
生まれも育ちも浅草。
長唄のお師匠さん
でもあります
茶色地に店名が白く染め抜いてある暖簾
高屋
立派な革袢纏

犬印鞄製作所

浅草生まれの和装にも合うシンプルなバッグ

着物を着たときに持つバッグは、ほかの小物と同様に着物の格に合わせます。留袖、訪問着、紋付きの色無地には、金糸銀糸を使った帯地などでつくる礼装用バッグを。バッグと草履が同じ生地でつくられているセットもありますが、必ずしも合わせて持つ必要はありません。

一方、礼装以外の装いでは、バッグに決まりはありません。縮緬や紬地で仕立てたバッグ、印伝をあしらったバッグ、夏向きには麻やパナマ素材などがあります。

着物と帯に似合えば、和装用バッグにかぎらず、洋装用のハンドバッグでもかまいません。シンプルな黒、茶、白などの革のバッグなどは着物で持っても馴染みます。盛夏には籐や竹で編んだ籠も涼しげです。着物の際はショルダーバッグのように肩にかけないので、バランスを考えると持ち手は長すぎないほうがよいみたい。

私が、毎日通勤するときに持つのは「犬印鞄製作所」のバッグ。今使っているのは四代目になります。以前はトートバッグでしたが、ノートパソコンが軽くなり、持ち歩けるようになったので、Ｂ４ファイルが入るビジネスバッグに買い替えました。ショルダーストラップが付いていますが、着物には不要なので普段は取りはずしています。

いずれにしても、「犬印鞄製作所」の帆布バッグはシンプルで軽くて丈夫なので、私のま

※犬と鞄のマークの織りネーム

わりにも老若男女問わずファンが少なくありません。

ほぼ着物でバッグを持つことの多い私にとって、和装に似合うことも大事なポイント。その点、「犬印鞄製作所」のラインナップは、紬や木綿、ウールなどのカジュアル着物にはぴったりです。

帆布とは、綿や麻を素材とした平織りの厚手の布のこと。「キャンバス生地」とも呼ばれています。丈夫で耐久性に優れていること、革のバッグに比べると軽いことなどから、日本製の帆布バッグは今や全国各地域でいろいろなメーカーがつくっていて、トートバッグをはじめ、デザインも多種多様です。

浅草生まれの「犬印鞄製作所」は昭和二八（一九五三）年に商標登録されました。ロゴマークの鞄に寄り添う犬のデザインは創業時から。

「私たちのつくった鞄がお客さまの大切な荷物をしっかり守れるように」という思いが込められているそうです。

昭和四〇年代にサイクリングブームが起こると、帆布の自転車用フロントバッグで広く知られるようになりました。ベテランサイクリストのなかには、今でも「犬印といえば自転車バッグ」と思っているかたもいるとか。

社長の細川俊二《ほそかわとしじ》さんは地元の人が「観音裏」と呼ぶ、浅草寺の北側で生まれ育ちました。私の実家の住まいも近くだったので、細川さんとは同じ小学校の出身です。この界隈は昔から和装履物関係の職人が多く住んでいますが、靴やバッグなど革製品のメーカーや問屋が数多く点在している地域でもあります。

こちらの数ある素敵な商品は、すべて細川社長ご自身がデザインしています。

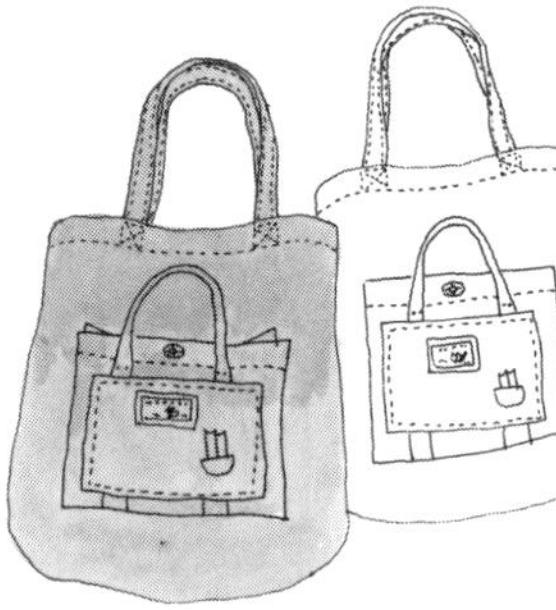

トートバッグのイラストがキマッているエコバッグ

「自分が使いたいと思う鞄を淡々とつくっていたら、共感してくれる人が増えていった感じ」と細川さん。もともとものづくりが好きで、趣味で靴をつくったこともあるとか。最初は店舗を持たず、工房で制作した商品を「東急ハンズ」と銀座の老舗文具店「伊東屋」だけに置いていたそうです。使いやすさとシンプルなデザイン、ちょっとレトロな雰囲気のロゴで「犬印鞄」の名前は徐々に広がり、逆輸入（？）のように浅草の新しもの好きの旦那衆が持つようになりました。買った商品を入れてくれる大きなロゴ入りの紙袋もなかなかステキで、「浅草でも、やたらと犬印鞄の紙袋を持っている人がいるねぇ」といわれるようになります。現在はトートバッグ、ビジネスバッグのほか、旅行用ボストンバッグ、財布などの小物類もあります。

天然素材の帆布は使うほどにやわらかく馴染んで、いい感じに味が出てくるのも魅力。黒、茶、赤、紫、紺、グレーなど基本の色は、徐々に色が褪めていく風合いも楽しめます。「犬印鞄」は創業以来さまざまな産地の生地を使ってきましたが、納得のいく生地に出会えたのが江戸時代からの織物産業の地、滋賀県高島市にある機屋さんの帆布。一日に数十メートルしか織ることができない昔ながらの力織機《りきしょっき》で織っていて、信頼感がもてるゴリっとした「犬印鞄」特有の風合いは、この織機でしかつくることができないとのこと。

私にとって助かるのは、その軽さです。着物のときは肩にかけられないので、必然的に手で持つことになります。お出掛けの際ならともかく、日常では仕事帰りに電車に乗り、駅から歩いてスーパーで買い物し、食材やら日用品を抱えて歩かなければなりません。バッグにはお財布、携帯電話、化粧ポーチのほかなにかと入り、さらにパソコン。バッグ自体が軽くなければもう無理です。

さらに実用的なバッグは、季節を問わずどんな天候でも持てるものがいい。本来は工業用として使われることの多い六号帆布に独自の超撥水加工を施した「犬印純綿六号帆布」は濡れても水を弾くので、雨の日でも大丈夫という嬉しさ！

ほかのバッグもいろいろ試しましたが、最終的にはやっぱりこれなんですよね。

めったに着ない洋服もナチュラルテイストのアイテムが多いので、和洋装どちらのときにも愛用しています。

つくる人が売っているから修理もできる

現在は浅草に二店舗、上野に一店舗ある直営店でのみ商品を販売しています。銀座線浅草駅より徒歩二分、馬道通りに面したビルの二階にあるお店は、販売スペースと工房が同じフロアにあるので、職人さんたちが製作している場面を間近に見ることができます。というより、バッグをつくっている職人さんが接客もしています。

「お客さまと目が合った人が応対する」というルールがあるようで、そんなところも「犬印鞄」らしい実直なところだなぁと感じます。

十人ほどいる職人さんは皆さん若く、はじめから鞄づくりのプロだった人はいないそうで「純粋に、ものづくり、鞄づくりが好きで入ってくる人たち」なのだとか。

和装関係の職人がすべて高齢化している現状から見ると羨ましくもありますが、ひとつひとつ丁寧に手づくりの商品ですから、人手がまだまだ必要なのはやはり同じだと聞きました。

そうやってつくっているので、もちろん修理も受付けています。いちばん傷みが早い把手部分は二〇五二円で交換可能。ほかにもブリーフケース、ボストンバッグなどのファスナーが壊れた場合も交換できますし、ふちに巻いてある生地が擦り切れてパイピングの芯が出てしまったら、パイピングをぐるっと一周交換してもらえます。

細川社長は「修理できるのは当然」とおっしゃいますが、「つくる人が売る」というスタイルだからこそのサービスだと思います。

じつは細川社長、何年か前に歌舞伎をたびたび観に行っていた時期があって、観劇のときには着物をよく着ていたのだそうです。

「着物を着たいな」と思って、すぐに向かったのは伝法院通りにある男着物の専門店「ちどり屋」さんと聞き、さすが地元浅草のかたと納得。

「犬印鞄」が和装に似合うのは、そんな細川さんご自身が着物を着られる経験も影響しているのかも。ひと昔前に比べて最近は男性の和装姿もずいぶん見かけるようになりました。でも、着物に似合う男性用のバッグがないという声はよく聞きます。お洒落な合財袋[*33]を持つ姿は格好いいですがあまり物が入らないですし、ナイロン製のバッグだとしっくりこない。天然素材の犬印鞄はその点、男性が着物で持っても素敵です。

リピーターが多いのも「犬印鞄」の特徴。一度使うと違う色やデザインも欲しくなるという気持ちは、よくわかります。

浅草はものづくりの街でもありますが、ブランドとして有名になっているのは「犬印鞄」以外あまりないのではないでしょうか。「犬印鞄」に続くブランドが生まれて、浅草の特徴である質が良くてリーズナブルな「普段づかいのもの」がもっともっと知られていくといいなと思います。

＊33 合財袋〈がっさいぶくろ〉
「信玄袋」ともいう。身のまわりのこまごました一切合財を入れる巾着型の袋。

提灯イカス！
犬印鞄製作所
細川俊二社長。
男前です☺
犬印純綿帆布
書類袋（小）
犬印純綿帆布
トートバッグ（SS）
お店で接客をしてくれるのは、鞄を制作している職人さん。質問にも答えてくれる
お店ですてきな
旅行鞄を見つけて
持ってみた里枝さん。
犬印純綿帆
革手ボストンバッグ
使い込んで
いい感じに
やわらかく
なっている
里枝さん愛用の
犬印純綿帆布
バケツトート（小）。
裏側に
ししゅうのネーム入り♥
Rie.7

桐生堂

手仕事の美しさと締めやすさが魅力の江戸組紐

組紐《くみひも》とは、三つ以上の糸の束を斜めに交差させて組み進める紐です。「桐生堂」の店内には、帯締めや羽織紐のほか、刀の下緒《さげお》や根付け紐、ブレスレットやストラップなど、組紐でつくられた小物が所狭しと並んでいます。民芸風の雰囲気で統一したお店の内装も手づくり。武具の装飾から受け継がれる江戸組紐の伝統を四代目の羽田眞治《はねだしんじ》さん、五代目の雄治《ゆうじ》さんの親子が守り続けています。

組紐は奈良時代、仏教の伝来とともにお経の巻き物や袈裟に使う紐として日本に伝わってきました。平安時代には貴族の装束に、鎌倉・室町時代になると兜や鎧のおどし糸や刀の柄巻などの武具に多用されます。また茶道具の仕覆[*34]の飾り紐などにも珍重されるようになります。江戸時代になって小袖[*35]が流行してくると帯や腰紐に、さらに帯締めなどへと普及していきました。江戸中期以降、町人文化が栄えると庶民にも広まってゆきます。

「桐生堂」は明治九（一八七八）年創業。この年には、廃刀令が施行されました。それまで組紐は武士が武具や刀の下緒に用いてお洒落を競っていたのですが、廃刀令によりその需要がなくなり、群馬・桐生の出身だった初代が東京で組紐店を開いたのが始まりだそうです。

徳川の武家社会が終わり明治になると、組紐は和装の帯締めや羽織紐に使われる需要が増

＊34 **仕覆〈しふく〉**
茶入れや茶碗を入れる袋。古代裂や名物裂でつくる。

＊35 **小袖〈こそで〉**
袖幅がやや狭く袖丈の短い着物。現在の着物の原型。

えてゆきます。ことに帯をお太鼓結びにするようになると、帯締めは必需品になります。それまでは浮世絵などを見るとわかるように、帯はだらりと結んでいました。

今はいちばんポピュラーな結びかたであるお太鼓結びは、江戸時代末期、辰巳芸者（深川芸者）が亀戸天神の太鼓橋の落成記念で、太鼓橋に似せて結んだ帯結びであらわれたことから広く流行したといわれています。当時の帯締めは「丸絎《まるぐ》け」という布で綿をくるんだ紐でしたが（今でも花嫁衣裳など礼装で使われています）、やがて組紐の帯締めが主流になっていきます。斜めに組んでいく組紐は伸縮性があるので帯を極端に締め付けすぎることなく、しっかりお太鼓をキープできる実用性と、見た目には多色の糸が織りなす美しさがあります。

糸が交差する組み目と渋好みの色合いが江戸組紐

現在は機械生産の組紐も登場し、組紐職人は年々少なくなる一方だそうですが、東京の「江戸組紐」、京都の「京くみひも」、三重県伊賀市の「伊賀くみひも」が昔ながらの伝統を継承しています。

宮廷貴族の文化が色濃い京くみひもに対し、武家文化の質実剛健、江戸庶民の粋が受け継がれる江戸組紐は渋好みの色づかい。無地染めやぼかし染め、段染めを施した絹糸を専用の台を使って組んでいきます。

組み台は組みたい物によって使い分けます。たとえば高麗組《こうらいくみ》をつくるときは高台、丸組などは角台《かくだい》・丸台、唐組《からくみ》なら丸台・唐組台といった感じで、台によって組める物が違います。組み上げた紐の先端に房を付け、そして毛羽を取り除き、最後に湯気で房を伸ばして完成し

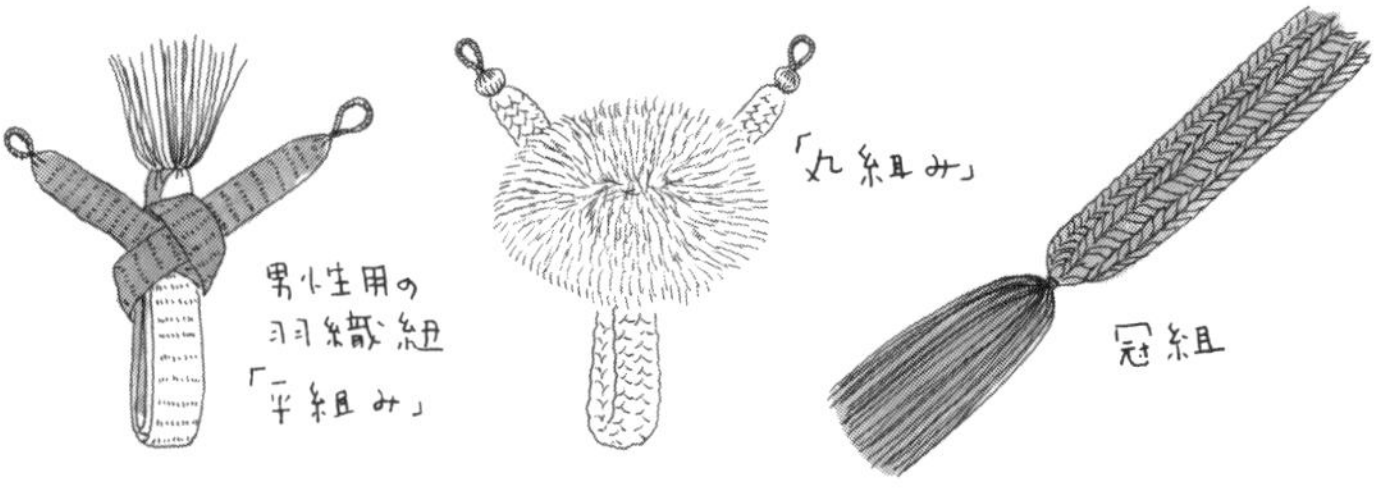

ます。
「色や本数、組み合わせかたによって生み出される柄のバリエーションは無限にあります」と雄治さん。代表的な組紐はシンプルな冠組《ゆるぎ》、地内記組《じないきぐみ》、笹浪組《さざなみぐみ》、高麗組《こうらいぐみ》、貝《かい》の口亀甲組《くちきっこうぐみ》、綾竹組《あやたけぐみ》など。色のぼかしや組み目によってさらに奥行きや陰影が生まれ、金糸を組み込めば格調高くなります。

帯締め一本で着こなしが変わる

男性の羽織紐、女性の帯締めは、着物を着たとき、全身の中央に位置するので、小さなものですがとても目立つ存在。

男性用の羽織紐は大きく分類して「丸組」と「平組」があります。また、紐の先に房があるもの、房なしのものがあります。礼装には白の大ぶりの房が付いた羽織紐、普段づかいには房なしか、小ぶりの房付き羽織紐が向いています。そのほか、紐の中央に玉や細工物を通してある「無双」という羽織紐があります。

羽織紐は、羽織の乳《ち》＊36に紐の端の坪を通して付ける「直付け」と、S字鐶という金具を羽織の乳にひっかけて留める「鐶付け」があります。

「鐶付け」は便利ですが、どちらかといえば「直付け」のほうがすっきりして見えます。「直付け」は紐を解いた状態で羽織に付け、自分で結びます。歌舞伎役者が舞台で羽織を纏うときに、ささっと紐を結ぶ仕草は格好良く、真似したくなるのではないかしら。

女性の帯締めは、礼装には白に金銀糸が入ったもの、礼装以外は着物や帯に合わせて好み

＊36 **乳〈ち〉**
羽織の羽織紐を付ける布製の小さな輪のこと。羽織の襟元に付ける。

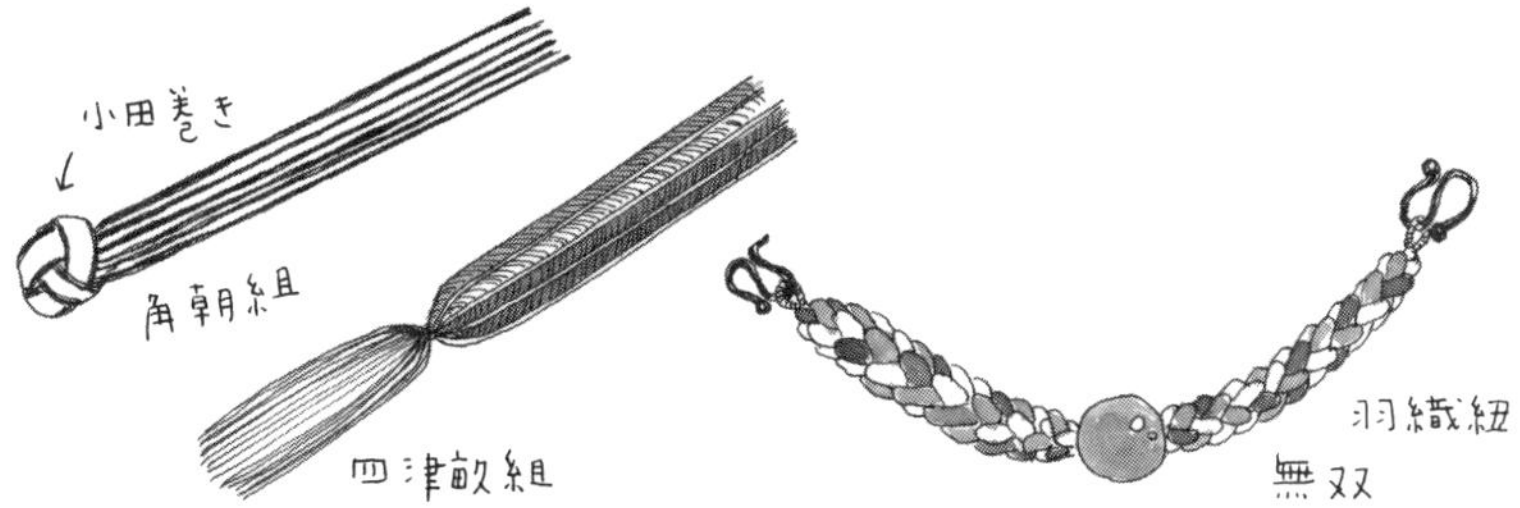

＊37 **小田巻き〈おだまき〉** 紡いだ麻を玉のように巻いたもの。

で選びます。

私がよく使う帯締めは冠組が多いですが、角朝組も気に入っています。桐生堂の定番で、抑え目の地色に片柄の縞がきっぱりとしたデザイン。端にコロンと小田巻き[＊37]が付いているのも可愛らしいです。もうひとつ四本の凸凹で縞柄の四津畝組。四色入っているので合わせやすく、ほどよいボリューム感があります。

夏の透け感のある着物には、レースの帯締めや配色に涼感がある帯締めを合わせれば、さらに涼しげな装いになります。

また帯締めに帯留めをする際には、金具が通る細めの帯締めが必要。太さの種類は二分紐、二分半紐、三分紐、四分紐があります。三分紐が一般的ですが、ボリュームのある帯留には四分紐がバランスよく、アンティークの帯留などは紐を通す穴や金具が狭い場合があるので、二分から二分半の紐が向いています。

帯締めは女性の帯を崩れないように固定する紐で、帯の真ん中に締めてあるだけの一本の線ではありますが、着物姿全体の印象を大きく左右します。着付けに必要な小物というだけでなく、コーディネートの重要なアイテム、いわばスパイスのような役割です。

着物と帯のトーンが似ているときに濃い色を効かせてアクセントにしたり、淡い色を合わせて馴染ませたり。帯や着物の柄からとった一色を持ってくれば落ち着いてまとまりが出るし、帯揚げと反対色を持ってきてコントラストを楽しんだり。帯締め効果は絶大なのです。

選ぶときは、できれば着物と帯を持って行くのがおすすめです。頭のなかで思い描いていても、色の彩度や明度の微妙な違いで印象がまったく変わります。たとえば緑系の帯締めには「若草」「浅緑」「深緑」などがあります。帯締めを単独で見て買うのは、慣れていないとなかなか難しい。実際に持って行くのが大変であれば、合わせる着物と帯をスマホで写真に撮っておく手もあります。

最初に持っていると重宝する帯締めは、ゆるぎ（冠紐）の無地。フォーマルには淡い色を、カジュアルであれば自由に。明度が高くて淡い色は、抜け感が出てすっきりした印象になりますし、こっくりした濃い色はコーディネートが引き締まります。着物や帯では尻込みしそうな鮮やかな色も、帯締めに使うとモダンな装いに。帯揚げとのバランスも大事です。

「家の箪笥にお母さんの着物や帯が眠っている」「親戚から着物を譲られた」という人、私のまわりにも結構います。着物を着るきっかけでいちばん多いかもしれません。お母さん世代は、お嫁入りの際に箪笥にひととおりの着物を用意するという家が多かったからです。でも今、その時代の着物や帯そのままだと、なんとなく昭和っぽい雰囲気になってしまうこともあります。着物は洋服みたいに流行がないといっても、やはり古臭く見える色や柄はあるのです。それらの着物たちに、同じ箪笥で見つけた同時代の小物を合わせたら、昭和レトロなコーディネートそのもの。

そこで、帯揚げと帯締めを新調してみると、今どきの洗練された着こなしに近づけるかもしれません。着物や帯に合わせるのはもちろん「きりっとかっこよく」「女性らしく優しい雰囲気」など、なりたいイメージやその人の持ち味も考えて。といっても、その選びかたが難しいのですよね！

どれが正しいという組み合わせはないので、お洒落だなと思う人をお手本にしたり、雑誌やＳＮＳなどを参考にして場数を踏むしかありません。だからこそ着物は奥が深いし楽しいのだと思います。

桐生堂
桐生堂
にぎやかな観音通り沿いのお店先
真田紐も種類が豊富。
帯締めたくさん！
三分紐、四分紐、いろいろ♡
カッコいい飾り結び
お店で紐を組む五代目、羽田雄治さん
根付もこんなに！
縮緬の鶴の巾着

5

和装ヘアスタイルでぐっと印象アップ！

コマチヘア

見栄えのよい着物姿には「アタマと足元」が肝心かなめ

着物初心者のかたは、着付けだけで精いっぱいで、髪型まで気がまわらないか、時間が無くなっていい加減になるというパターンが多いようです。でも、髪型ってかなり大事！ たとえ着物が普段着の木綿でも、髪型さえ決まっていればよそゆきに見えます。逆にどんなに高価な着物をきれいに着ていても、髪型がいい加減だと台無しです。

友人のヘアメイクアップ・アーティスト、木村智華子《きむらちかこ》さんによると、和装ヘアスタイルのポイントは「髪の面」をつくること。つまり、髪の毛の流れを見せるのが大切なのだそうです。ショート、ロングにかかわらず、髪がそそけてパサパサしていると、疲れた人に見えてしまうので注意しましょう。ヘアクリームやワックスを使ってポヤポヤさせないこと。

アップスタイルにする場合は、着物や帯の種類、出掛ける場所などに合わせてボリューム感を調節するとよいと思います。

私は店で着ている紬や小紋には小さめのまとめ髪に、お出掛けの際によそゆきの着物のときは、若干ふんわりさせています。パーティなどに出るときは、美容院でアップスタイルに結ってもらうこともあります。浅草には花街があり、浅草公会堂で踊りの会などもよく開催されるので、和装のアップスタイルが上手な美容院が何軒かあって助かっています。

「コマチヘア」は、雷門と浅草寺をつなぐ浅草のメインストリート、仲見世通りに二軒あります。通りに面した店頭には、カラフルな簪やストラップ、侍や芸者のカツラなどが並んでいるので一見「お土産物屋さん？」と思いますが、大正一四（一九二五）年創業の老舗かつら専門店。役者さんや日本舞踊家の本格的な日本髪かつらだけでなく、趣味の踊りや余興に使う洋かつら、ヘアピース、また成人式や七五三用の髪飾りなど充実の品ぞろえです。

スタッフはおそろいのエプロンと、南国の鳥のような色とりどりのヘアピースを付けています。本店は仲見世と交差する新仲見世商店街にありますが、私は仲見世の雷門に近い第二号店にいる看板娘の岩崎有希子《いわさきゆきこ》さんに、なにかと相談に乗ってもらいます。

私がこよなく愛用しているのが和装ヘアピース。セミロングなので、普段は自分で適当にアップスタイルにしていますが、お出掛けの際にもう少しきちんとしたいけれど美容院に行く時間もないとき、とても助かっています。

有希子さんは私が普段どんな着物をよく着ているか知っているので、イメージに合うものを選んでいただき、控えめな大きさのシンプルな形を使っています。

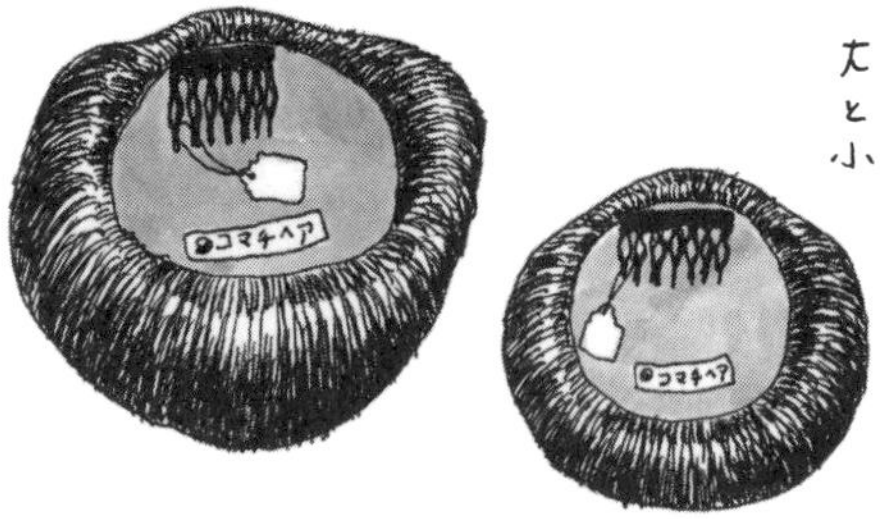

ベーシックな
コマチドーム
大と小

これを付けると付けないでは、よそゆき感がぜんぜん違います。使いかたはとても簡単。自分の髪をまとめて髷《まげ》にします。そこにヘアピースをかぶせてヘアピンで留めるだけ。外出先で「これヘアピースなのよ」というとびっくりされます。襟足が上がらないくらい短い髪でも、これがあればささっと和装シニョンができあがるという便利さなのです。

大きさだけでなく、明るい栗色から漆黒まで色数も豊富にあるので、自分の髪の色とも違和感がありません。かっちりしたドーム型、ふわふわした形などデザインも多種多様です。

背の高さ、顔立ち、着物の種類によって似合うヘアピースは違います。どれを選んでいいか迷ってしまうかもしれませんが、コマチヘアのスタッフは和装の知識があるので、その人の雰囲気や着こなし、TPOに合わせて、的確なアドバイスをしてくれます。

「日本舞踊を習っているかたと、お茶を習っているかたでは、ふさわしい形やデザインが違ってきます」と有希子さん。日本舞踊には少し大きめのほうが舞台で見栄えがよいですし、お茶席にはあまり派手にならないように小さめのヘアピースが向きます。

有希子さんによれば、着物を着慣れないかたは小さめのを選びがちだそうです。ちょっとしたお出掛けにはよいのですが、訪問着に袋帯を締めるような礼装用の着物に使うのであれば、少し大きめのほうがバランスがよく見えます。

そのなかでも、コマチヘアのオリジナル商品「コマチドーム」は老舗の技が結集された商品。土台、植毛、結い上げすべて自社でつくっているので、使ううちに崩れてきたら、洗って結い直してもらえるというアフターケア（有料）にも感動します。髪の色、大きさも好みでつくれますし、単色だけでなく色を混ぜてオーダーすることも可能。たとえばちょっとブラウンを入れたり、自分の髪の毛と同じような感じで白髪を混ぜたりすれば、より自然な仕

形や髪色など、
バラエティに富んだ
コマチドーム。

上がりになります。染めている人は、カラーリングした直後か、少し時間が経っているかで色の混ぜかたが違ってくるので、そういった点もきめ細かくアドバイスしてくれます。

ちなみに、「コマチドーム」という名前は有希子さんの叔母さまが考案したそうですよ。

初代はかもじ職人

創業者である有希子さんのおじいさま、伊《い》藤《とう》米《よね》三《ぞう》さんは、かもじ職人だったそうです。向島のかもじ屋さんに丁稚奉公し、独立して浅草で「小町屋」を始めました。

「かもじ」とは、日本髪を結う際に使う入れ毛のこと。日本髪を結い続けると、髷《まげ》の部分があたる地肌の毛が生えてこなくなるので、それを隠すために昔はかもじが必需品でした。

昔ながらの日本髪のかつらは、台金《だいがね》という固いヘルメットのようなものに、髪の毛を植え込んでつくります。いわば日本髪の形にできあがっている金属の帽子を被るイメージ。日本髪の需要がだんだん少なくなってくると、米三さんは今のかつらのようなネットに髪の毛を植え込む方法を考案し、いろいろなヘアスタイルに対応できるヘアピースやウィッグを発明しました。そのなかでも「コマチヘア」というヘアピースが爆発的に売れて、全国の美容室に通信販売もしていたそうです。

六〇年代から七〇年代のウィッグブームがあった時代には工場を広げ、身障者のかたを雇用するなど社会貢献も。

「祖父は小学校しか出ていないのに、勲章をもらっているんです。明治の男でおっかない人だったようですが、そんな祖父が、日本女性が自由に装うことに情熱を傾けたというのが面

白いです」

かつらやウィッグは、お洒落用だけではなく、事故や病気で髪の毛を失ったかたにも需要が多いそうです。また、失ってしまうのは頭髪だけではないため、コマチヘアでは体中の〝毛〟に対応しています。たとえばある大学教授の男性は、講義をする際、眉毛がないと学生たちから不自然に思われるということで、眉毛をオーダーされたということです。

「祖父は『この商売は人助けなんだ』といっていたそうです。困っている人、髪の毛が必要な人が買いに来るのだから、お値段が高くなってはいけないと思うんです」

本格的な日本髪のかつらは今もつくっていますが、ほとんどが日本舞踊など舞台用。夜会巻きなどネットに植え込むかつらは、ふくらみや高さなど好みがいろいろなので、その場合はスタッフが細かく対応します。参考になる写真やイラストを持って行くと安心です。

成人式や七五三のお祝い用のヘアピースや髪飾りも充実しています。最近は「盛りヘア」のようなフワフワッとしたスタイルに向く、お花だったりキラキラした飾り、軽くてパチンと留められるタイプがよく売れるそうですが、もちろん古典的な蒔絵の撥型《ばちがた》簪もいろいろな柄が並んでいます。

また、歌舞伎役者や日本舞踊家などが使っている舞台用化粧品もそろっています。日本髪用のすき油もコマチヘアの定番商品。スプレーやムースは一度固めてしまうと櫛が入らないので、日本髪にはすき油が必要です。相撲の床山さんも使っているものだそうで、花丁子香油が入っている鬢付けの匂いがします。

晴れの日用から普段のお洒落用まで、一般の人からプロまで、そして近所の人から観光客までに対応という幅広さが、浅草の老舗のお店ならではだと思います。

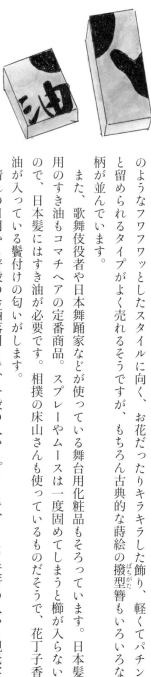

小さくちょんまげをつくる
ショートヘアでもボリュームのスタイルに!
看板娘の岩崎有希子さん。手早く明るくセットしてくれる!
店先にはエクステたっくさん!
5180
6000
9720
9720
19400
19400
6048
結んだところにコマチドームをセット
さらにヘアピースプラス
キュートなつまみかんざし
ちょっぴり盛りヘアプラスかんざし
お花をつけてゴージャスに♥
ヘアピースの殿堂、店内は品数がとっても豊富

よのや櫛舗

江戸からの緻密な手仕事

伝法院通りにある「よのや櫛舗」は、浅草周辺で唯一残っている柘植《つげ》の櫛《くし》や簪《かんざし》の専門店です。享保二（一七一七）年、現在の文京区の地で創業し、大正初期に浅草に移り、この場所にお店を構えました。

江戸時代の女性は前髪・鬢《びん》・髱《たぼ》・髷《まげ》からなる、現在いわゆる「日本髪」と呼んでいる髪型でした。年齢や職業、身分などによって髪型は異なり、その数は数百種類もあったといいます。当時、髪を結うのは髪結いさん、あるいは床山さんといわれる人たち。

「ほら、『必殺仕事人』に出てくる簪屋、入口の障子を開けても仕事場の土間しかないでしょう」と店主の斎藤悠《さいとうゆたか》さん。

店で売るのではなく、このような専門職に櫛を卸すのが「よのや櫛舗」のはじまりだったそうです。

明治の文明開化以後、女性の髪形が髪結いさんに結ってもらう日本髪から自分で整えるようになるにつれ、一般の人々にも販売する小売店になります。

江戸時代の浅草にあっても不思議ではないと思える「よのや櫛舗」は、歌舞伎の舞台に出てきそう。店内には、昔ながらの技術と方法で丹精こめてつくった美しい柘植櫛や簪が並んでいます。

江戸時代の川柳の一節で「一櫛　二帯　三小袖」と詠われたほど、櫛は女性にとって大事なアイテムでした。髪を梳く実用品としてだけではありません。まっすぐに垂らしていた女性のヘアスタイルが、江戸時代に入って多種多様な髪型に結われるようになると、櫛は髪を飾るアクセサリーとしても使われます。櫛だけでなく簪・笄《こうがい》といった髪飾りも急速に発達していきました。

「よのや櫛舗」には、見事な透かし彫りの飾り櫛が並んでいます。日本髪を結ったときに元結《もっとい》を隠す「前挿し」という櫛で、その抜き彫りはあまりに繊細でため息が出るほど。残念ながらこの技術を持つ職人さんは、仕事を辞められたそうです。

今は日本髪を結う女性はかなり限られているので、きっちり結い上げた髪形にも、ラフなまとめ髪にも使える簪が主流。すっきりまとめた髪に柘植の簪、清潔感のある大人のお洒落です。

簪には伝統的なべっ甲、漆塗り、つまみ細工*38、鋲簪《かざりかんざし》*39からプラスチックまで、さまざまな種類がありますが、柘植の簪はナチュラルな木肌の色が日本人の髪にはぴったりだと思います。小さなものでも意外に存在感があります。

「玉かんざし」「平打ち」などがおもな形ですが、もっともシンプルな三味線の撥型などは六八〇〇円からと値段もお手頃。木地に彫りや抜きを入れたデザインは「青海波」や「波に千鳥」など可愛い柄がいろいろあって選ぶのにも迷います。

「簪は背の高さに合った大きさを選ぶのがコツ」と斎藤さん。背が高いかたは、ある程度大きめの簪のほうが後ろ姿が決まります。また髪のボリュームとのバランスも大事です。浴衣

*38 **つまみ細工**
〈つまみさいく〉
薄絹の羽二重を正方形に小さく切り、これをつまんで折りたたみ、組み合わせることで文様をつくる。江戸時代からの技法で舞妓の簪に使われている。

*39 **鋲簪**
〈かざりかんざし〉
金、銀、銅、真鍮などの金属でつくる簪。

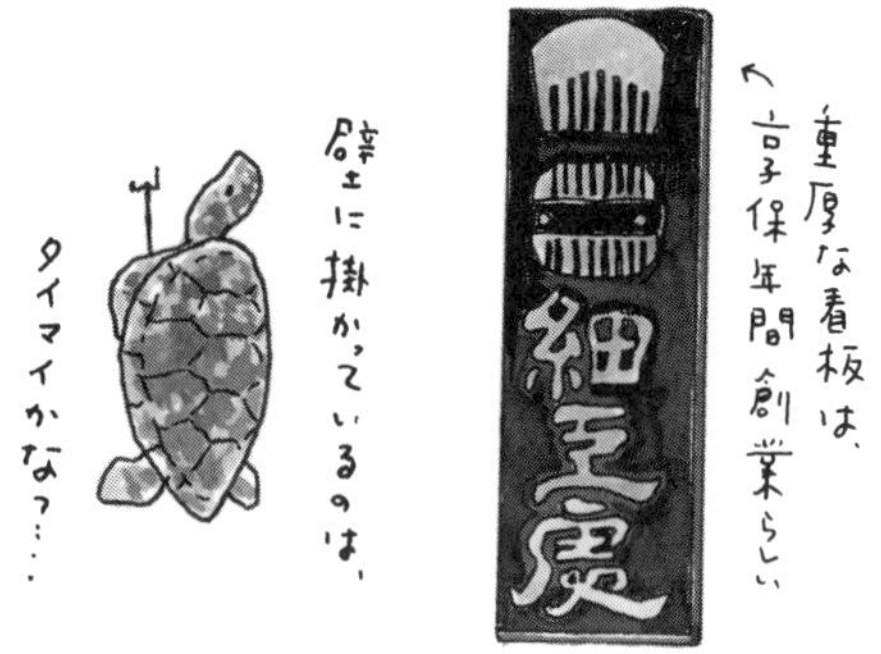
重厚な看板は、
←享保年間創業らしい
壁に掛かっているのは、
タイマイかなっ…

や気軽な小紋、紬を着て、ささっとまとめ髪にしたら小さめのものを挿すのがさりげなくていい感じ。

ちょっとしたお出掛けのときに美容院でふっくら結い上げてもらったら、少し大きめの簪に。二本使いにしても素敵です。

柘植の梳かし櫛で美髪効果

飾るだけでなく髪を梳かすのにも、柘植櫛ならではのよさがあります。

「櫛になる材料の木はほかにもありますが、昔から床山さん、髪結いさんが柘植櫛を愛用しているのは、鬢《びん》付け油を使って仕事するのにいちばん向いているからです」

柘植の木の適度な弾力性と粘りが髪にとてもよく、静電気が起きにくいという効果もあります。静電気は髪を絡ませたり、抜け毛や枝毛、切れ毛の原因にもなるため、毎日、柘植櫛で梳かしていれば髪のダメージが少ないのだそうです。

柘植櫛はすべて手づくり。柘植櫛の櫛目は斎藤さんが一本一本たてています。歯をたてるにはトクサという植物を乾燥させ、煮てあく抜きしたものを使います。ざらざらしているトクサは、いわば天然のやすり。さらにそれを平べったくして削いで薄くし、尖った木製の道具の先端に貼り付けたものを使って、歯と歯の間を削って整えます。道具は櫛の歯の間隔によって太いもの、細いものを使い分けます。その際、鹿の角が原料の角粉《つのこ》を使うそうです。

こうして丁寧に歯の先を仕上げていくため、柘植櫛は頭皮の当たりがやさしいのです。

歯をたてた櫛は、数日から一週間ほど椿油に漬け込んで油を浸み込ませます。店内には斎

藤さんのおじいさまが特注でつくった引き出しが何段もあり、その中には店に並ぶ前の椿油に浸された柘植櫛が入っています。引き出しにはそれぞれサイズぴったりに誂えた銅桶が入っているので、椿油を直接入れても酸化しないようになっています。

「椿油を染み込ませるのは柘植櫛を乾燥から守り、艶を良くするためです。梳かしているうちに櫛に染み込んだ椿油が徐々に髪に浸透していき、潤いと栄養分を与えるので、パサついた髪も艶のある髪になっていきますよ」と斎藤さん。

梳かし櫛は、歯の粗さが細・中・荒の三タイプから選べるようになっています。そのほかストレートヘアでない人には、もっと粗い「パーマ櫛」があります。

ヘアメイクアップ・アーティスト、木村智華子さんによれば、メイクをする前の頭皮マッサージは大変効果的だそうです。顔の皮とつながっている頭皮をマッサージして血行を良くすれば、くすみも減り、メイクののりもよくなるとのこと。髪も顔色も生き生きしてくる「柘植櫛の効果」はもっと広く知られていいと思います。

柘植櫛のお手入れについては、「ときどき古い歯ブラシに椿油をつけて、歯の間の汚れをとるのがおすすめです。コツは櫛の歯先から根本に向かって歯ブラシを動かすこと。汚れが取れたらジップロックに櫛全体が浸るくらい椿油を入れて、一、二日油を浸み込ませます。お手入れしながら長く使い続けていると、櫛がだんだん飴色に変化していきますよ」

使い込んだ柘植櫛を持っているなんて、大人の女性という感じがしてちょっと格好いいではありませんか。

江戸時代から柘植櫛を扱ってきた「よのや櫛舗」も、時代の変化に苦心されています。斎藤さんたち若夫婦が家業を継いでまもなく、代々お付き合いをしてきた職人さんが高齢のために仕事を辞めてしまいました。それからが大変。おふたりは、お店の暖簾を守るために奔走することとなります。

まずは、柘植の簪にはなくてはならない質のよい国産の柘植材の確保です。そこで柘植の原木がある鹿児島県の指宿まで行って市役所で事情を話したところ、印材屋さんを教えてもらい、そこから原木を扱うお店を紹介してもらいました。しかし、丸太を買ったはいいけれど、簪などに加工するには丸太からアールに切り取らなければなりません。そこでまたあちこち探しまわり、建具屋さんを見つけることができました。さらに彫りの工程では、象牙細工の彫り師を探し当てて、ようやく柘植の簪をつくるところまでこぎつけたということです。

これは伝統工芸の世界にはよくあることかもしれません。何人かの職人の手を渡ってひとつの品物をつくり上げるので、そのうちのひとつの工程が途絶えるとすべてできなくなってしまうのです。

下駄、草履も同じですが、日本の伝統工芸が待ったなしの危機的状況にあるのは、和装関係のお店を訪ねると、どこでも直面していることからわかります。

斎藤さん夫婦は、代々受け継いできた伝統や技術を守る一方で、新商品も開発しています。たとえば櫛ケース。初代の頃は、お江戸らしい唐桟縞の生地を使っていましたが、平成になって職人が不足し、唐桟縞の生産量の減少から、やむなく京縮緬の生地でつくっていました。それを最近、約三〇年ぶりに唐桟縞の櫛ケースを復活させました。

「毎日使う櫛だから、飽きのこない縞柄のケースに入れて持ち歩いてもらいたい」というおふたりの願いが叶いました。

左右から
さして、
笄のように
平打ち
かんざし
モデルは
奥様
透かし細工
玉かんざし
三味線の撥の形のかんざし
店主の斎藤悠さん
ただいまとかし櫛を
制作中
店内には
金色の
大きな
櫛が
!
↑とかし櫛・
本つげ材で、
歯を一本ずつ
研ぎ出す
斎藤さんの
お道具箱。
大小の行李に
はいっている
戸棚の上に
つづらが
並んでいる
店内壁面の引き出し
には椿油に
浸けられた
櫛が
たくさん
引き出しの
内側は銅張り

浅草お出かけコーディネート

満開の桜で薄桃色に染まる春の墨堤
夏の夜空を彩る絢爛豪華な打ち上げ花火
木枯らしの吹く晩は、熱々の鍋と燗酒で一献
四季折々に楽しみがある浅草を
江戸ごのみの装いで

浪曲定席「木馬亭」へ

長い歴史が刻まれた演芸場は全国で唯一の浪曲の定席。浪曲を聴きに行く特別な日の装いは、どこか懐かしい昭和な雰囲気で。

雰囲気に似合うレトロな小紋の着物

波のように揺らぐ、柔らかなよろけ縞の名古屋帯

角ばったデザインがキリっとした印象の右近下駄

小紋 6,480円、名古屋帯 6,480円、帯締め 1,080円、帯揚げ 2,160円（福服リサイクル着物&帯）

合計　16,200円（税込み）

下町の寄席「浅草演芸ホール」へ

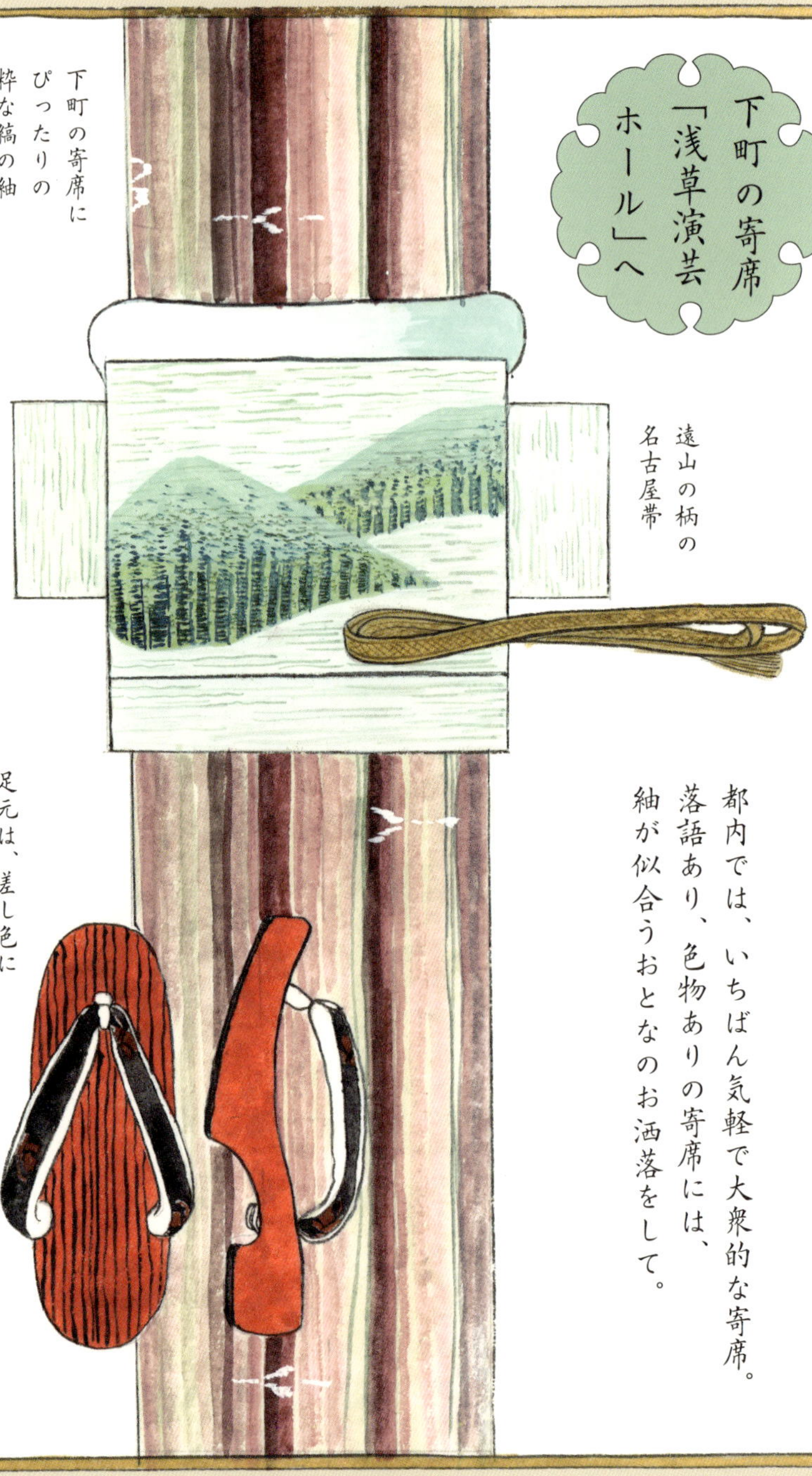

下町の寄席にぴったりの粋な縞の紬

遠山の柄の名古屋帯

都内では、いちばん気軽で大衆的な寄席。落語あり、色物ありの寄席には、紬が似合うおとなのお洒落をして。

足元は、差し色にほどよいえんじ色の糸春雨塗りの下駄

紬 10,800円、名古屋帯 3,240円、帯締め［新品］3,240円、帯揚げ［新品］3,240円（胡蝶リサイクル着物&帯）

合計　20,520円（税込み）

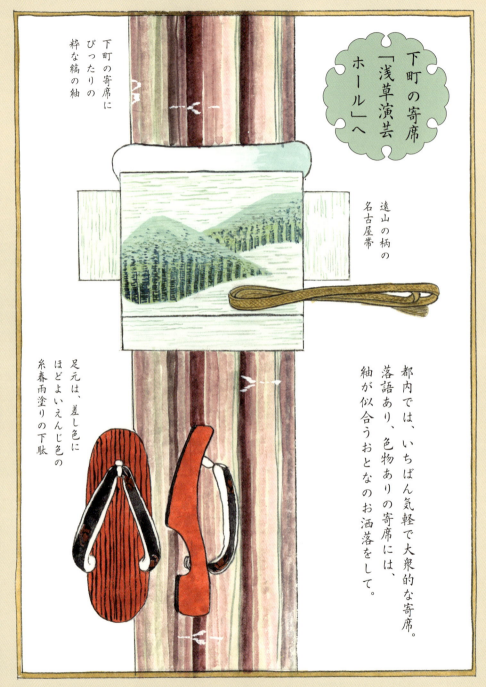

老舗で江戸の味を楽しむ

蕎麦やどぜう鍋など江戸の庶民が愛した店がいまも賑わう浅草。そんな肩肘張らない老舗には、唐桟の木綿着物で気楽に。

女性／木綿の格子柄［水通し・お仕立て付き］30,000円（ほてい屋）　博多献上の半幅帯 19,440円（帯源）
男性／木綿の縞柄［お仕立て付き］30,000円（ほてい屋）　博多献上の角帯 16,200円（帯源）（以上税込み）

江戸情緒を観音裏の料亭で

浅草寺の表参道、仲見世の喧騒から少し離れた観音裏。
見番のある浅草花街では、
洗煉されたおもてなしを堪能できます。

小豆色と薄鼠の小田巻き付き
脱いで上がる料亭を意識して、紗綾形の牛革型押しのエナメル草履

米沢紬［お仕立て付き］69,800円［袷］60,000円［単衣］、八寸かがり名古屋帯 39,900円（ヒロヤ）
帯締 14,040円［M］17,280円［L］、帯揚 5,400円(桐生堂)（以上税込み）

浅草新春歌舞伎へ

若手役者が出演する浅草の新春歌舞伎。
歌舞伎座よりも気軽にと、
訪問着ではなく付下げ小紋で。

華やかな小紋柄ながら
年齢を選ばない色調

新年らしく
おめでたい柄の
刺繍名古屋帯

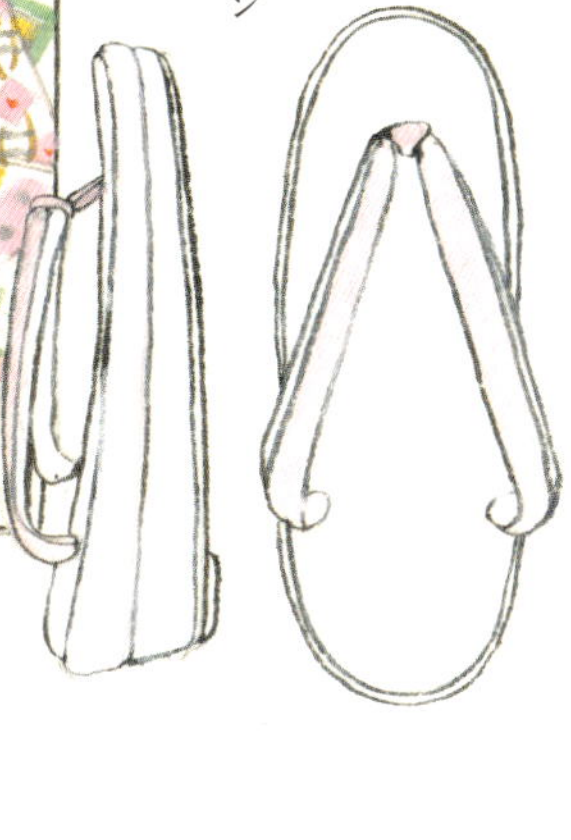

品の良い
つや消しの
パステル系で
新春のイメージ

付下げ小紋 259,200円、刺繍名古屋帯 140,400円（加賀屋）（以上税込み）

三社祭でひと足早い夏の装い

気の早い下町では、衣替えを待たずに
三社祭はすでに単衣。
この日ばかりは、仕事も忘れて町中が
お祭り一色になります。

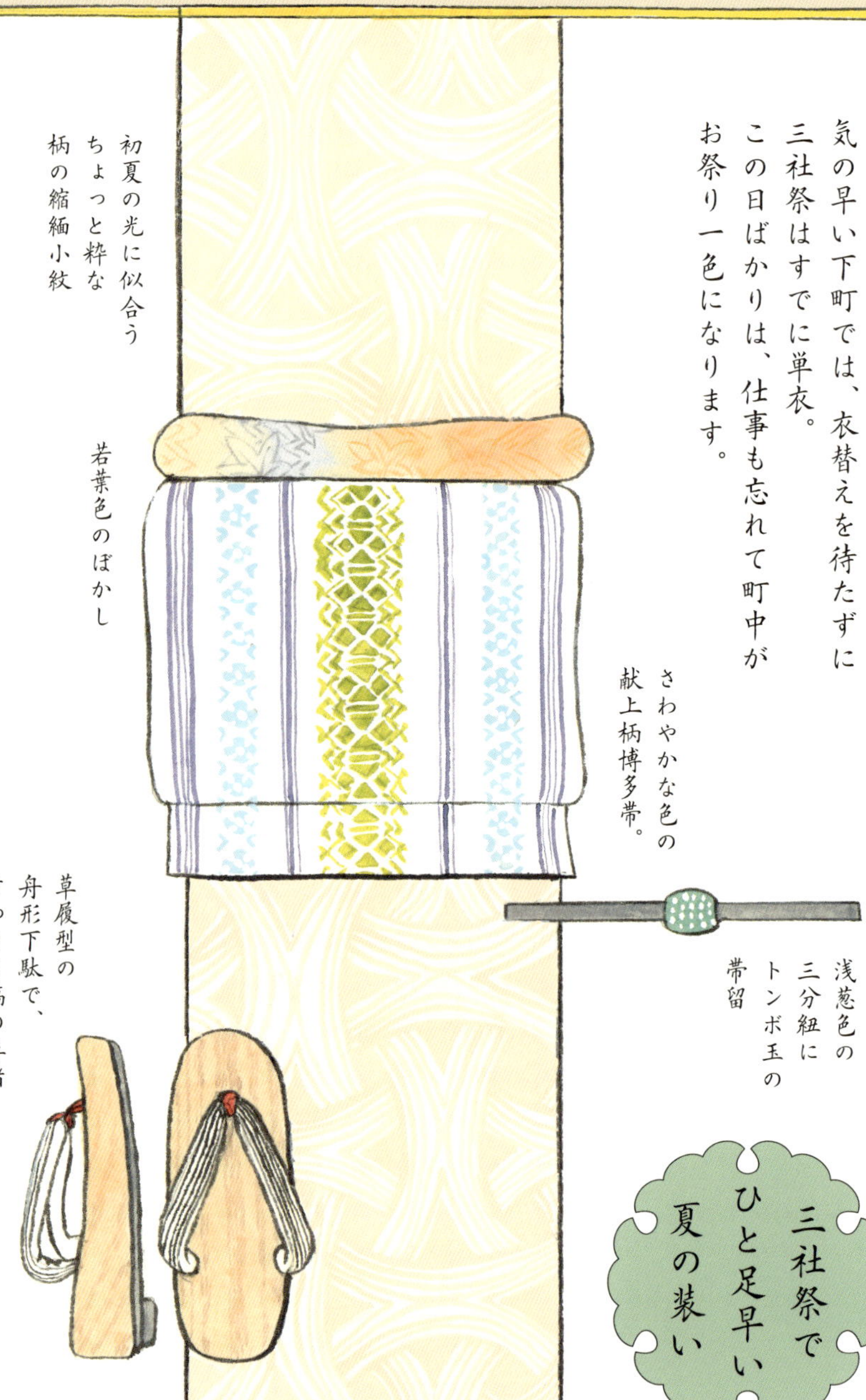

縮緬小紋単衣 120,000円（はんなり）　献上博多八寸名古屋帯 36,720円（帯源）
帯揚 12,960円、帯締 3,780円、トンボ玉の帯留 5,400円（桐生堂）（以上税込み）

浴衣で
隅田川花火
見物へ

素足で履いても
汚れが目立たない
黒塗り後丸下駄に、
黒と麻の葉柄の鼻緒

あっさりとした柄の
ミンサー織の半幅帯

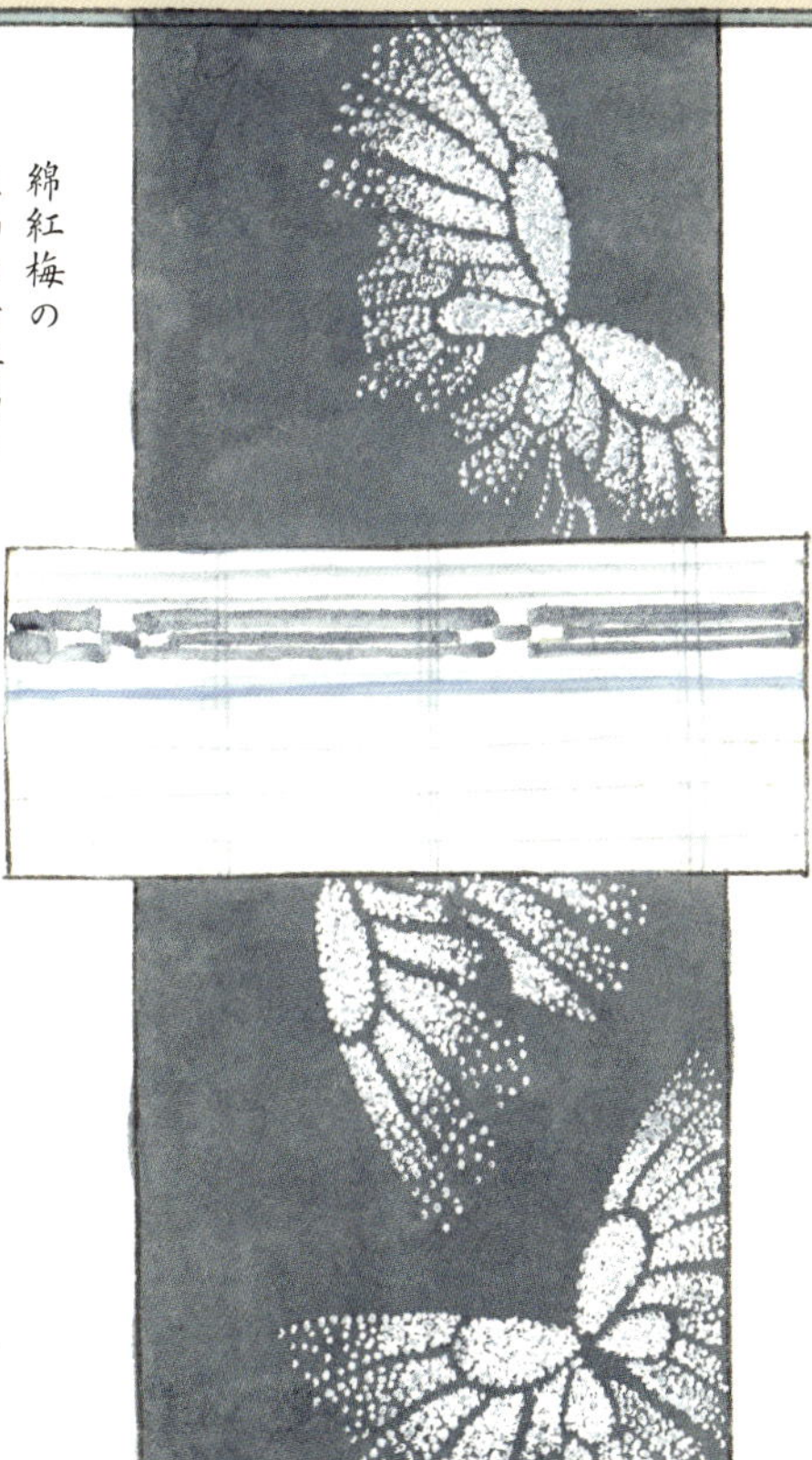

綿紅梅の
竺仙の古典的な
藍色の浴衣

夏の夜空に大輪の花火の饗宴
藍染めの浴衣で、涼やかなおとなの装い

綿紅梅・蝶々柄 46,800円（ヒロヤ）　ミンサー織の半幅帯 41,040円（はんなり）（以上税込み）

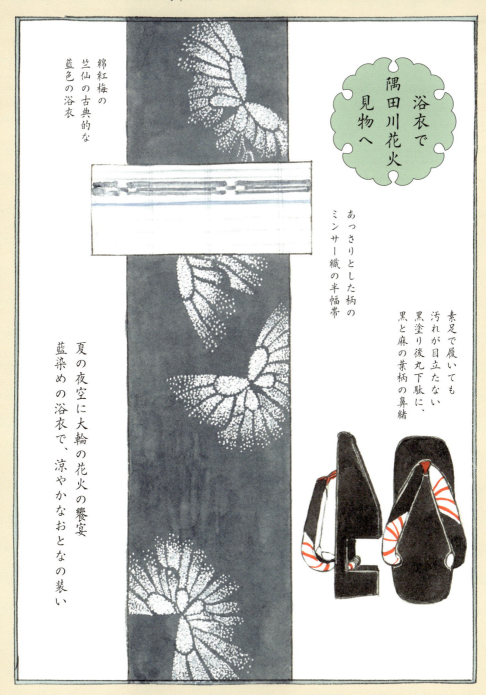

商売繁盛を願って お酉さまへ

浅草のお酉さまでは、華やかな花柳界の芸者さんの姿も。寒さ対策も忘れず、ちょっとお洒落に。

おめでたい柄の塩瀬の名古屋帯 帯の柄は熊手

しゃれ感のある縞の御召と麻の葉の大島紬の道中着。

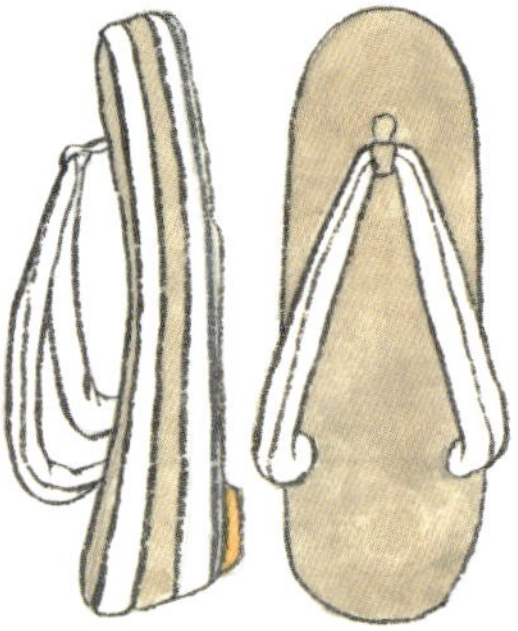

茶色と鼠色を基調とした草履

縞の御召 140,000円、黒地に熊手の染め帯 170,000円（はんなり）
大島紬の道中着 138,000円（ヒロヤ）（以上税込み）

6

名入れ＆お誂えができる！

ふじ屋

幅一尺、長さ三尺の布に自分の世界を描いてみる

「お誂え」と聞くと、手の届かないことのように感じるかもしれませんが、和装は基本的にお誂えの文化です。お店に並んでいる商品をそのまま購入するだけでなく、自分の好みでつくってもらうことが意外なほど易しい場合が多いのです。ことに、職人がいる、あるいは職人を抱えてつくっている専門店が各種そろっている浅草は、和装の楽しみの真髄を気軽に、そしてお手頃価格で味わえる街です。

ただしお誂えには、ほとんどの場合時間がかかります。何事も「スピーディーがよし」とされる現代ですが、「待つ時間」もお誂えの醍醐味だと思って楽しんでいただければと思い

ます。

和装に手ぬぐいは必需品ですが、最近、私はハンカチを持つことはほぼなくなり、その代わりに手ぬぐいがどんどん増えてしまいます。

浅草にいると自然と手ぬぐいが増えるのです。なぜか？

毎年の三社祭のたびに町会でその年の手ぬぐいが配られます。そして、父が若い頃から懇意にしている神輿の愛好会からもいただく。新年には、お年始まわりの役者さん、芸人さんからいただく。お店の開店○周年でいただく。そのほか、手ぬぐい屋さんの前を通りかかって素敵なデザインがあると、つい求めてしまう。そんなこんなで自宅の引き出しふたつ、手ぬぐいでいっぱいになっています。

着物で食事の際、前掛けにするのに手ぬぐいの長さがちょうどよいのをご存知でしょうか。万が一着物を汚しても洗えますが、帯は汚したらなかなか洗えないので、帯の上から膝にかけてカバーするには、小さなハンカチでは間に合わないのです。

最近では手ぬぐい愛好者も増え、お食事会などで季節や着物に合わせて選んだ柄の手ぬぐいを前掛けにしていると、その場にいる人たちと話がはずむこともあります。

また、豆絞り、市松文様などの古典柄や、ほおずき、桜など季節の柄の手ぬぐいを、半衿にする使いかたもあります。とりわけ手ぬぐいと同素材の木綿の着物にはぴったりで、長さもちょうどいい。半衿用に手ぬぐいを縦半分に切ってしまう人もいますが、私はもったいないので切らずに三つ折りにしています。多少厚みが出ますがそれほど気になりません。使った後はそのまま洗濯機に放り込めばよいから実用的です。

浅草寺の鐘撞堂のある弁天山にほど近い、手ぬぐい専門店「ふじ屋」。風情ある店内には季節ごとの柄や、古典柄からオリジナルの柄まで色とりどりの手ぬぐいが並んでいます。

「うちは元々、名前の入ったお配りものの手ぬぐいをつくっていたんです。江戸の昔から商家では名入り手ぬぐいのやりとりは日常だったわけです」と店主の川上千尋《かわかみちひろ》さん。

「ふじ屋」の手ぬぐいは、昔ながらの製法でつくられています。ひとつは浴衣と同じ注染という方法。型紙を生地に当て、糊で防染して数十枚重ねた生地に染料を注いで染めます。

もうひとつは長板本染め。板張にした生地に型紙を使って糊で防染し、何度も繰り返し藍甕に漬ける藍染めと、伸子《しんし》で張った生地へ刷毛を用いて染める引き染めがあります。

「昔は暮れになると、お店《たな》が出入りの職人さんに袢纏の反物をあげたりしてました。もらう側はその反物を・年寝かせておく。お正月に着るのは前々年の反物を仕立てた袢纏です。一年寝かせた藍は色が落ち着いてちょうど良い色になって、洗濯しても簡単に落ちなくなっている。江戸時代は、すべて段取りすることが暮らしだったのです」

今でも三社祭の袢纏は藍の本染め。だんだん藍色が褪めてゆき、同じ袢纏とは思えない色になった頃には肌触りも柔らかくなっています。時間とともに変化してゆく楽しみは、工業製品では味わえません。

「お客さまが使い込んだ手ぬぐいを見せてもらうと、ガーゼのように柔らかくなっています」

「ふじ屋」の手ぬぐいがここまで長持ちするのは良い素材を使い、手間ひまかけてつくっているからこそ。手ぬぐいにふさわしい番手*40で木綿生地を織り、さらにその生地を煮て天日干しし、繊維の不純物をなくす「晒す」工程が欠かせないのだそうです。

「不純物があるとその部分は染まりません。うちのようにいくつもの型をつける仕事だと最後の段階で不純物があると、それまでの工程がすべて無駄になってしまう」

*40 **番手〈ばんて〉**
糸の太さの単位。数が大きいほど糸は細い。

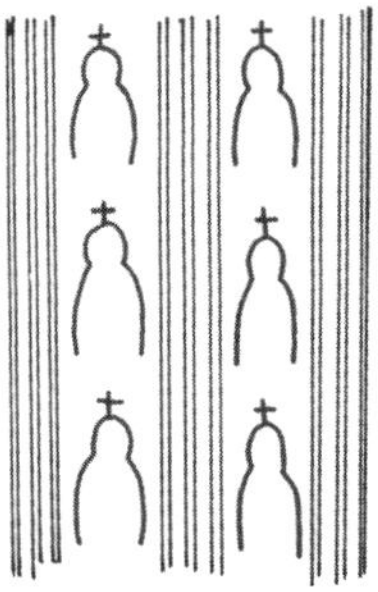

三津五郎　三ッ大縞

志谷　熊野染

そうして準備した生地を染めて「ふじ屋」の手ぬぐいができます。川上さんが絵柄を描き、型職人が型紙を彫り、染め職人が染めるという順序。当然、手ぬぐいに使う色の数だけ型が必要になります。布は縮むため、針で型を合わせ、防染して染める工程を何度も繰り返します。柄がずれないように型を合わせるのだそう。型染めなのに手描きのような風合いがあるのは、長い年月で培われた職人の技術によるところが大きいと川上さんはおっしゃいます。

「この色は出ないよねって持って行くと、出してくる。職人同士の技のせめぎあいなんです」

江戸時代の手ぬぐい品評会

川上さんは、江戸時代の手ぬぐいの復刻、新作手ぬぐいのデザインなど本業のお仕事でご多忙のところ、街のためにも日々尽力されている「浅草の顔」でもあります。江戸の文化に関しても知識が豊富なので、お話を伺うのも楽しい。

「ふじ屋」の店頭には、季節に合わせた手ぬぐいを額装して展示しています。手ぬぐいの額装は、先代の桂司さんが考案したもの。

「でもね、飾って楽しむ文化は江戸時代からあったんです」と川上さん。

江戸時代の天明四（一七八四）年に、浮世絵師で戯作者の山東京伝が「たなくいあわせ」という手ぬぐいの品評会を開いています。

「松江の殿様、松平不昧公の弟で風流大名で知られる松平雪川《せっせん》は、雪のなかを流れる二筋の川をデザインした手ぬぐいを出品しています。絵師の酒井抱一は鷹の絵柄を、浮世絵師の喜多川歌麿が天の川に牽牛、織姫星を描いた『ほし合い』という作品を出したり。吉原の花魁、

音羽屋菊五郎格子

成田屋　鎌わぬ

花扇もそこに入っている。身分を超えて、当時の文化人たちが自慢の手ぬぐいを披露し合っているところが面白いですね」

昔は「手ぬぐい掛け」に掛けて飾ったようですが、「桜の小枝でこしらえた手ぬぐい掛けに釣り鐘の柄の手ぬぐいで、道成寺の見立てになっていたり、あそび心ですね」

江戸の人々は見立てや洒落、語呂合わせを好みました。黒地に鯨の目を染め抜いた手ぬぐいは、捕鯨に名高い熊野灘を洒落て「熊野染《くまのそめ》」、別名「め鯨」。「めくじらを立てちゃいけません」の洒落で横向きで飾ります。

このほかにも「ふじ屋」では「たなくいあわせ」に出品された作品二十点と京伝自身がデザインした一本を復刻しています。

江戸時代、手ぬぐいは埃除けという実用の面もありましたが、被りかたでお洒落を競うファッションアイテムでもありました。街の人々は贔屓の役者が着ていた図柄や人気役者の被りかた、肩に掛ける姿を真似たといいます。当時、歌舞伎の舞台は流行の発信源でもありました。今でも人気がある「菊五郎格子」「高麗屋格子」「かまわぬ」などは歌舞伎役者由来の柄です。

浅草は土地柄、芸人さんや花柳界の人たちがオリジナルの手ぬぐいを配ることが珍しくありません。実際「ふじ屋」にも歌舞伎役者や噺家の襲名の際に配る手ぬぐいの注文が多いのですが、一般の人が還暦や結婚などのお祝い、会社の創立記念などでつくることもよくあるそうです。注文は一〇〇本から可能で、自分の干支など好きな柄でつくってもらえます。

江戸時代の風流人に倣って幅一尺長さ三尺の布のなかに、自分の世界を描いてみるのも楽しそうです。

額装された手ぬぐいが
びっしりと並んで、
まるでギャラリーの
ような店内
染絵 手ぬぐい
ふじ屋
ふじ屋当主の
川上千尋さん
水引きのれんが
いい雰囲気の
お店先
ふじ屋
ふじ屋
折ると、
和綴じの本に
なる柄
折ったら
福財布に
文庫本カバー
福財布
がま口

荒井文扇堂

粋ですっきりとした江戸扇

浅草の雷門柳小路と仲見世にある「荒井文扇堂」は都内で唯一、職人を抱える扇専門店。各流派の舞踊家、歌舞伎の役者、噺家など多種多彩なかたがたが訪れる、創業約一二〇年の老舗です。先代の荒井修《あらいおさむ》さんは扇子づくりの職人でありながら、江戸時代を中心とした風俗や文化にも詳しく、歌舞伎役者からの信頼も篤い「浅草の有名人」でした。二〇一五年に惜しくも他界されましたが、現在は長男の良太《りょうた》さんが代々伝わる知識と技を守るとともに、若い世代の感覚もプラスしつつ五代目として文扇堂を引き継いでいます。

日本の夏は「だんだん亜熱帯化していくのか」というくらい酷暑の日が多くなりました。暑さ対策にはいちばん手軽で、畳めば場所も取らないのが扇子。最近は冬でも乗り物やビルの中は暖房が効きすぎていることもあり、私は一年中バッグに入れて持ち歩いています。土産物店や雑貨屋さんなどでも見かけますが、和装で持つなら本格的な手づくりの扇子が欲しいところ。浅草っ子の良太さんは仲見世町会の青年部で活躍しながら、日々お店の二階の工房で扇子づくりに励んでいます。

京都の扇子は工程ごとに職人さんがいて細かな分業になっていますが、江戸扇子はすべての工程をひとりでこなします。扇子の材料は竹と紙。紙を折り、そこに竹製の骨を刺してつ

花籠

くります。扇面の紙は一枚のように見えますが、芯紙を両側から中紙ではさみ、三枚の紙を張り合わせてあります。芯紙のちょうど真ん中部分を裂いて糊をつけた骨を通します。これは、簡単なようですごい技術。しかも糊が乾かないうちにやらなければならないので、とても素早い作業です。

文扇堂では、良太さんの父上、修さんの代から扇面の絵付けもオリジナルのものを描くようになりました。絵付けから仕立てまで全部やるのは、扇子の職人で修さんが初めてだったそうです。やがて歌舞伎や舞踊で使われる扇の製作も手掛けるようになり、今では大勢のご贔屓を持ちます。

若い頃から歌舞伎が大好きだった修さんは、恒例となった新春浅草歌舞伎を実現させた陰の尽力者。江戸時代の芝居町である浅草に歌舞伎を復活させようと、浅草公会堂に花道をつくるよう東奔西走したり、平成中村座の第一回公演を実現するために活躍しました。十八代目中村勘三郎丈や十代目坂東三津五郎丈とは家族ぐるみのお付き合い。今も良太さんがそれぞれの息子世代の歌舞伎役者たちとさらに親交を深めています。

私は、かつて荒井修さんに扇子のことや舞台芸術のこと、ひいては日本文化についてお話を伺う機会がありました。修さんのお話は、自分が観てきた多くの舞台と、職人としてものづくりを介しての実態と実感が込められている奥深い内容でした。また、街で見かけると二宮金次郎のように歩きながら本を読んでいるくらい好奇心旺盛で、いつも勉強されていました。絵付けは独学で学んだという修さんですが、「師匠は舞台を観ることや美術館めぐり、美術書や画集」とおっしゃっていました。

そのようにして積み上げた文扇堂の財産をそのまま、良太さんが受け継いでいます。

秋津島

「父の遺した資料を見ると、あぁここから作品に取り入れたんだなってわかります。ずっと仕事場で同じものを見せてもらってきたから、自分もやっていけるのかなと思っています」

最近では、良太さん自身のデザインもどんどん増えています。二段張りという扇面の上下を分けた柄を自分用に仕立てて使っていたら「父が『俺にもくれよ』って、色違いを使っていました」。ブログでさも自分がつくったかのように紹介していたのには「コノヤロと思った」そうですが、息子の仕事に内心「やるな！」と嬉しかったのでしょうね。

平らな紙の上に描くのとは違って、扇子の構図には制約があります。扇子に絵柄を付けるのは折る前ですから、折ったときに見える絵柄を考えながら描くわけです。たとえば日の丸の扇子は平面に描くときには横長の楕円形です。

ほかにも扇子の絵柄ならではの「ノゾキ」という技法があります。あえて全体を描かずに、扇面から外の部分は想像させる手法。たとえば丸い月を描くときに全部ではなく一部分だけ描くほうが、月の大きさをイメージできるというわけです。余白を利用して広さを感じさせたり、絵柄に奥行きを出すために「たらしこみ」というぼかしの手法を使ったり。小さな扇面を生かす知恵や工夫は、日本人の美意識そのものです。

落語では扇子が蕎麦をたぐるお箸や、煙管、盃になったりします。これを「見立て」といい、歌舞伎や日本舞踊でも扇子が見立てとして小道具に使われます。また、扇子の柄そのものにも「見立て」で表現される図案や意匠があり、巳年の扇子に琵琶《びわ》の絵が描かれているのは、蛇は弁天さまのお使いなので、弁天さまの持っている琵琶を描いたというわけです

京扇子の豪華できらびやかな絵柄に対して、江戸扇子は質素ですっきりしています。色づかいも、江戸はちょっとくすんだ色が好まれるといいます。骨の数も江戸扇子のほうがちょっ

と少なめ。かつて先代の修さんは「僕らはいかに描かずに、扇面に空き地をつくるかってことばかり考えてる。ちょっとあおぐには、すっきりしたもんのほうがいいっていう江戸の人の好み」と語っていらっしゃいました。

このような趣向は履物にも通じます。東京好みの下駄の鼻緒は、縞や麻の葉などシンプルな柄行で色数をおさえ、ゴテゴテした装飾も好みません。京都は公家文化、江戸は武家文化という好みの違いが今でも続いているのは、面白いことです。

儀式や作法から実用に至るまで

扇子は中国から入ってきたと思いきや、日本人の発明です。紙が貴重だった時代、儀式での大切な記録は木簡という木に書いていました。一枚の木に書いて足りなくなると、二枚、三枚と書いていく。その根元を留めてかがったものが「檜扇《ひおうぎ》」の元となったそうです。日本に紙の文化が入ると、扇子も紙でつくるようになります。紙と紙の間に骨をさしたようすが、コウモリが羽を広げたように見えることから「蝙蝠扇《かわほりせん》」とも呼びました。日本で発明された扇子は、中国に渡り、シルクロードを通ってヨーロッパの絹扇になっていきます。

扇子は日本人の儀式において、次第に重要な位置を占めるようになります。正装の場合、男性の羽織袴には必ず扇子を持ちますし、女性は帯に扇子をさします。座ってご挨拶する際には扇子を膝前に置く。大事なお金などを扇子の上に載せてお渡しするなど、作法には欠かせません。

用途や大きさによって分類されますが、もっとも一般的なのは「持ち扇」という携帯用の

燕

扇子。男性用と若干小さめな女性用があります。日本舞踊や歌舞伎で用いられる「舞扇」は遠くからでも舞台映えする色柄で、大きめにつくられています。舞台で使う役者さんは一尺、芸者さんはお座敷で踊るので九寸五分だそうです。茶道で必ず必要な「茶扇」は小さめ。膝の前に置いて結界をあらわすための道具ですから、これであおいだりしてはいけません。そのほか、結婚式などおめでたい席で持つ、金銀が施された「祝儀扇」などがあります。

和装のときには扇子を持つとサマになります。好みのお香と一緒にしまっておけば、あおぐときに心地良い香りが立ちます。ただし、着物のときにバタバタあおぐのは興ざめ。きれいに見えるあおぎかた、小粋な使いかたは、歌舞伎の十代目尾上菊五郎丈や八代目中村芝翫丈などを観て研究するのがよいかもしれませんね。

文扇堂では役者や舞踊家にかぎらず「自分だけの扇子」を誂えることができます。卒入学やお誕生日、還暦祝いの贈り物にいいかも。一本からでも注文できますが、良太さんいわく「デザインからまかせられる場合、考えているだけで何か月も経っちゃう場合もあるし」とのことなので、たっぷり余裕を持って頼んだほうがよさそうです。

一からデザインをお願いするのはハードルが高そう、というかたには干支扇がおすすめです。年末になると翌年の干支にちなんだ柄が何種類か出来上がります。毎年楽しみにコレクションしている人もいますし、浅草の芸者さんは文扇堂の干支扇を持って、お正月のお座敷に出ます。私は年女の友人へのプレゼントに、干支扇にそのかたの名前を入れてもらったら大変喜ばれました。

扇子のお誂え、名入れなどは、芸能の世界だけにかぎると思っているかたが多いことでしょう。一般の人でも、無理なくできるところが浅草の老舗の良さだと思います。

角にあるお店の佇いがいい感じ
文扇堂
文扇堂
灯籠形の看板
文扇堂
文扇堂当主の荒井良太さん
御扇司
贈り物の包みで使われる中包みの紙
種類が豊富で、選ぶ楽しさも♡

辻屋本店

鼻緒を挿げる職人がいる店

昭和も戦前まではほぼすべての日本人が日常に下駄や草履を履いていたので、全国各地の商店街には「履物屋」がありました。靴が普及するにつれて下駄や草履の需要は減り、日常の履物から特殊な位置づけになってゆくと、次第に履物屋も少なくなり、鼻緒を挿《す》げる職人も減ってしまいました。今では、和装履物の専門店があることすら知らない人が少なくありません。東京では浅草や銀座などに数軒残っていますが、地方都市には一軒あるかどうかではないでしょうか。

専門店が近くにない場合、呉服屋さんやデパートへ探しに行くことになりますが、たいていは鼻緒挿げの職人がいないので、せっかく下駄や草履を買っても、足に合わなくて痛い思いをすることが多々あります。

辻屋本店は挿げの職人が常駐し、お客さまの足に合わせてその場でぴったりに誂える履物専門店です。下駄や草履、雪駄など鼻緒の付いた履物は、靴と違って足を覆い包む構造ではありませんから、鼻緒の挿げかたによって履き心地がまったく変わります。

足の大きさ、甲の高さや幅、指の長さは人それぞれ違うので、一人ひとりの足に合わせて鼻緒を挿げないと痛くなるのは当たり前。辻屋本店には現在、三人の挿げ職人がいます。最

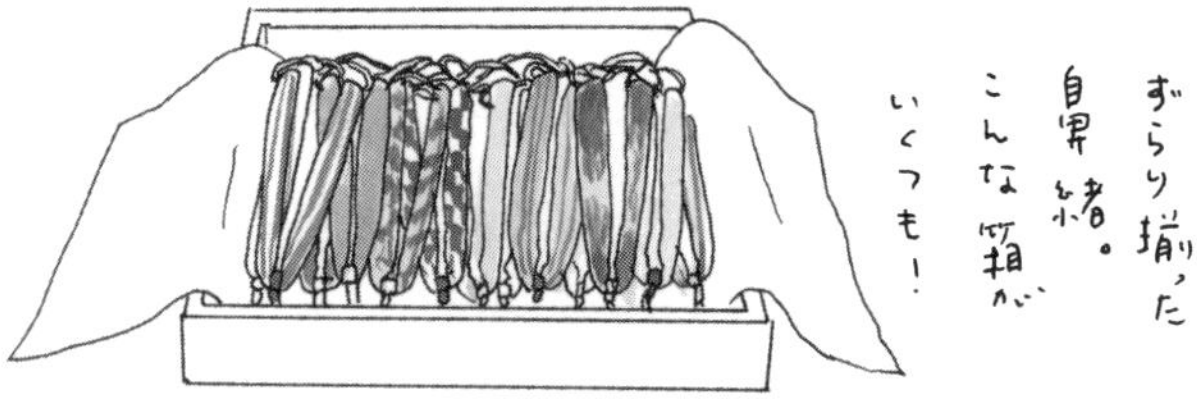

年長が私の父。高校生の頃、当時挿げの名人といわれた大番頭の伊藤さんに技を習っていらい約六〇数年、履物屋ひと筋の人生です。その次は番頭の野村さん。辻家の先祖は福井出身なので、昔は従業員も福井の人が多かったのですが、野村さんも地元の中学を出てすぐ辻屋本店で働き始め、やはり六〇年近く頑張ってくれています。余計なことはしゃべらず黙々と仕事をする、いわゆる職人気質。挿げの技術は超一流。履物でわからないことは何でも聞ける、頼りになる存在です。

いちばんの若手が小林くん。前職は料理人でしたが、辻屋本店に入ってかれこれ一〇年以上、ひたむきに技を磨き、今では難しい履物も安心して任せられます。気軽に相談できる真面目で親切な人柄は、若いお客さまにも人気があります。

一度でも辻屋本店で草履をお求めくださったかたは「辻屋さんの履物はほんとうに履きやすい」といってくださいます。鼻緒の挿げかたはお店によって違いますし、職人によっても差があります。つまり草履の履き心地は、挿げる技のレベルによるわけです。

三人の職人が創業から代々受け継いできた高度な技術をもっていることこそが、辻屋本店の財産だと思います。

着物を着始めたばかりのかたや、地方から来られたお客さまからよく「鼻緒を挿げるのに何日くらいかかりますか？」と聞かれることがあります。「今すぐ、十分位でできますよ」というと驚かれます。

下駄も草履も、台と鼻緒は数あるなかからお客さまのお好きなように組み合わせることができます。まずは、着物の色や柄、あるいは格式に合わせて台を決めて、次にそれに似合う鼻緒を選びます。そして職人が目の前でお客さまに足を入れていただきながら、ぴったりに

辻屋本店当主の
富田里枝さん、

＊41 **前坪〈まえつぼ〉**
足の親指と人指し指の指股で挟む部分。

仕上げていきます。これが和装履物のいちばん基本の、その場でできるお誂えとなります。

自分で鼻緒と台の組み合わせを選べるだけではなく、下駄や草履の鼻緒そのものを誂えることも可能です。10×40センチ程度の生地があれば鼻緒に仕立てることができます。鼻緒の裏側や前坪[*41]の色もご希望に近い色でつくります。着物を仕立てた際の余り布や、旅先で見つけた素朴な布など、ご自分の好みやアイディアでオンリーワンの鼻緒にしたら素敵かもしれません。鼻緒を合わせる台は、下駄でも草履でもご自由にお選びいただけます。

一緒に店をやっている妹と私は商売柄、「これ鼻緒にできるかな？」とすぐに考えるクセがあって、実際に妹が沖縄で出会ったミンサー織りや、私が福岡で入手した久留米絣などを鼻緒に仕立てたところ大好評でした。

草履の台も、何十種類もの革見本からお好きな色を選び、好みの高さの台に仕立てることができます。草履の革はつや消しのマットなタイプと、つやのあるエナメルがあって、つや消しは品良く、エナメルは華やかな印象になります。男性用も同様です。あまり公表していませんが、辻屋の履物をご贔屓にしていただいている芸能人や噺家のかたなど、特注のお誂え草履は度々お受けしています。

下駄や草履の名入れ

毎年、暮れになると芸者さんたちが黒塗りの芳町下駄[*42]を買いに来店されます。前坪だけ紅色の白い別珍の鼻緒を挿げますが、丹頂鶴を連想することから「丹頂の鼻緒」と呼んでいます。皆さん同じ下駄なので間違えないように、辻屋本店では黒塗りの台の表《おもて》に、白い絵の具で

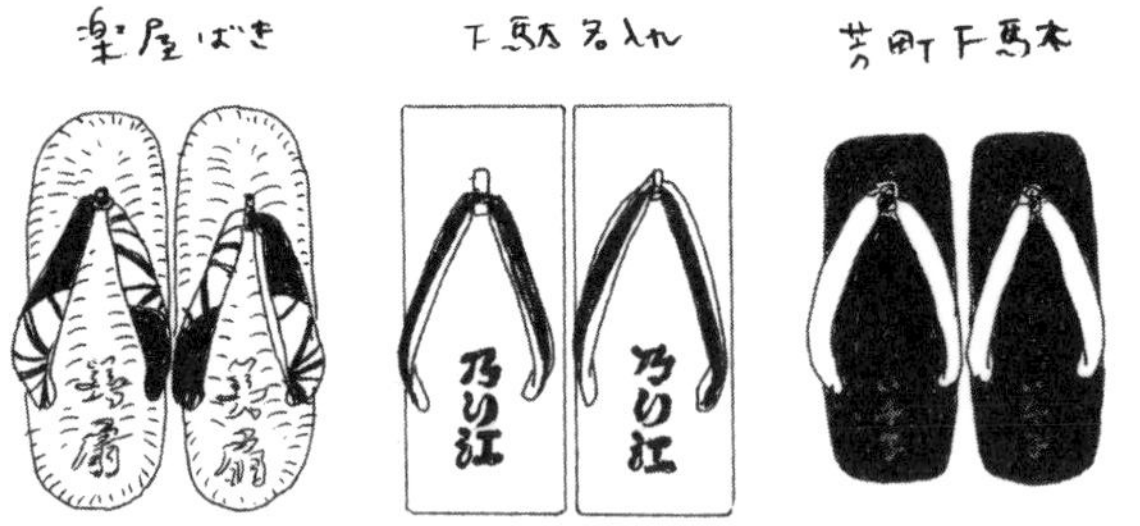

＊42 **芳町下駄**
〈よしちょうげた〉
女性用の二本歯の駒下駄で台の幅が狭いもの。日本橋芳町の芸者がほっそりした下駄を好んだことから付けられた名称といわれている。

芸者さんの名前をお入れして差し上げます。昔は祖父が書いていて、その後は大番頭さん、そして父が書くようになったそうですから、おそらく六〇年以上前から続いているサービスなのでしょう。今は妹がその係です。名入りの黒塗り芳町下駄の注文が入り始めると、今年もあとわずかと年の瀬を実感します。

名入りの下駄を履くのは新年だけではありません。浅草の芸者さんが三社祭の期間中に披露する「組踊り」はいくつかのグループごとに各料亭をまわるので、玄関先で間違えないためにも必要になるわけです。

下駄の名入れは芸者さんだけでなく、役者さんへのプレゼントにもよく頼まれます。浅草には「木馬館」という大衆演劇の小屋があって、役者さんの熱烈なファンのかたが舞台で履いてもらいたいと下駄をお求めになる際に、下駄の後歯に役者の名前を入れるのです。

また、辻屋本店の隠れた人気商品に「楽屋履き」があります。底裏にフェルトを使った畳表の室内履きの草履です。筍の皮を編んだ本格的な表《おもて》なので、お値段も安くはありませんが、日本舞踊家や邦楽家は、舞台があるときに楽屋で履くための必需品です。同じような楽屋履きがごった返す場所なので間違えないように、こちらにも名入れのサービスをしています。やはり妹が一文字一文字、ていねいに焼き付けて名前を書いています。

下駄の名入れは無料ですが、楽屋履きの場合はかなり手間と時間がかかるので、一文字につき一〇〇〇円をいただいています。

妹は歌舞伎や日本舞踊が大好きで、花柳界や役者、舞踊家に知り合いが多く、楽屋履きの名入れは口コミで広まっているようです。

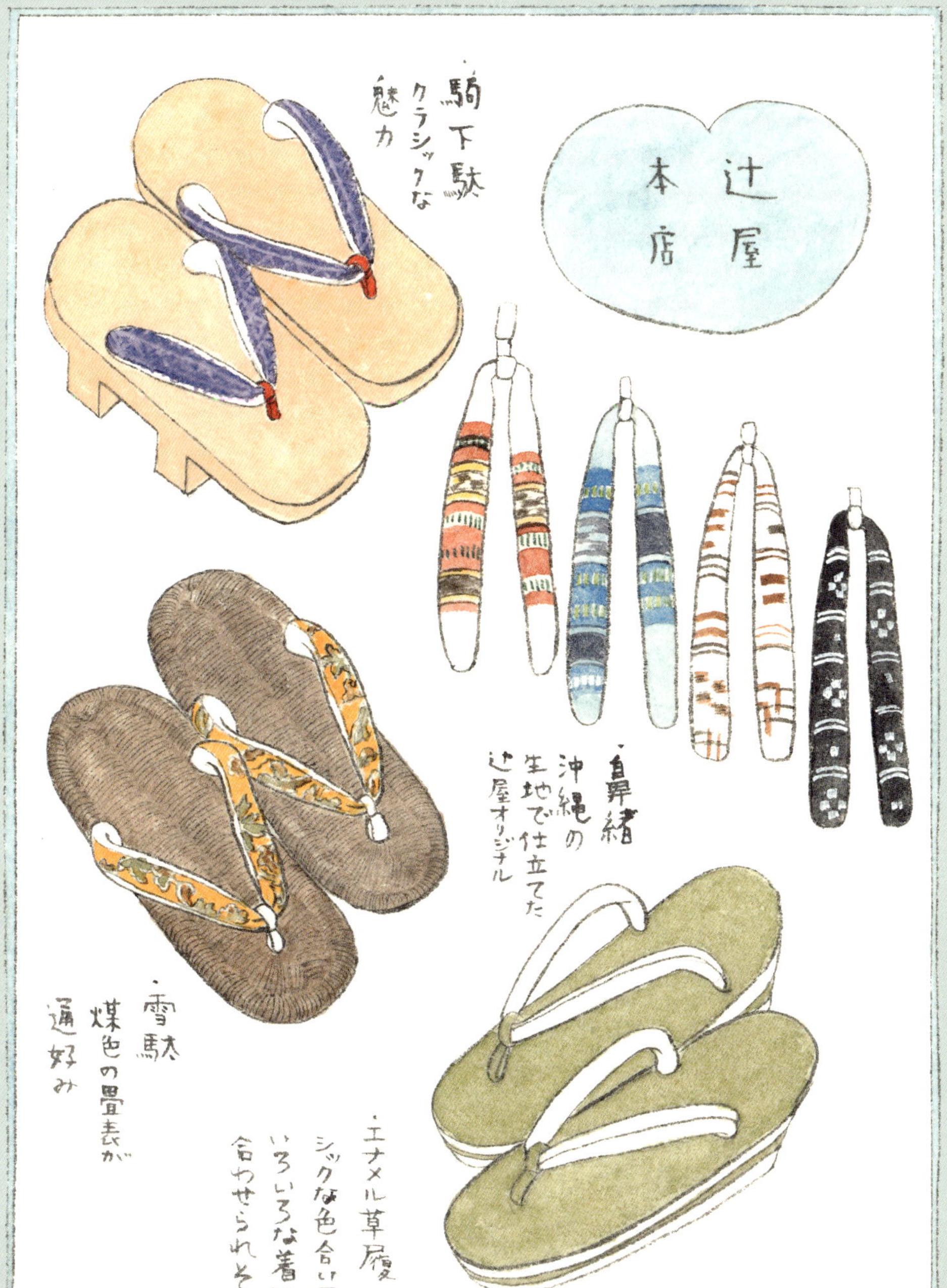

・駒下駄
クラシックな
魅力
辻屋本店
・鼻緒
沖縄の
生地で仕立てた
辻屋オリジナル
・雪駄
煤色の畳表が
通好み
・エナメル草履
シックな色合いで
いろいろな着物に
合わせられそう

煤竹の骨に赤一色
文扇堂
涼しげな手描きの空豆
還暦のお祝い品として、金文字で名入れ
塗り骨に手描き網目模様
キリリと江戸前

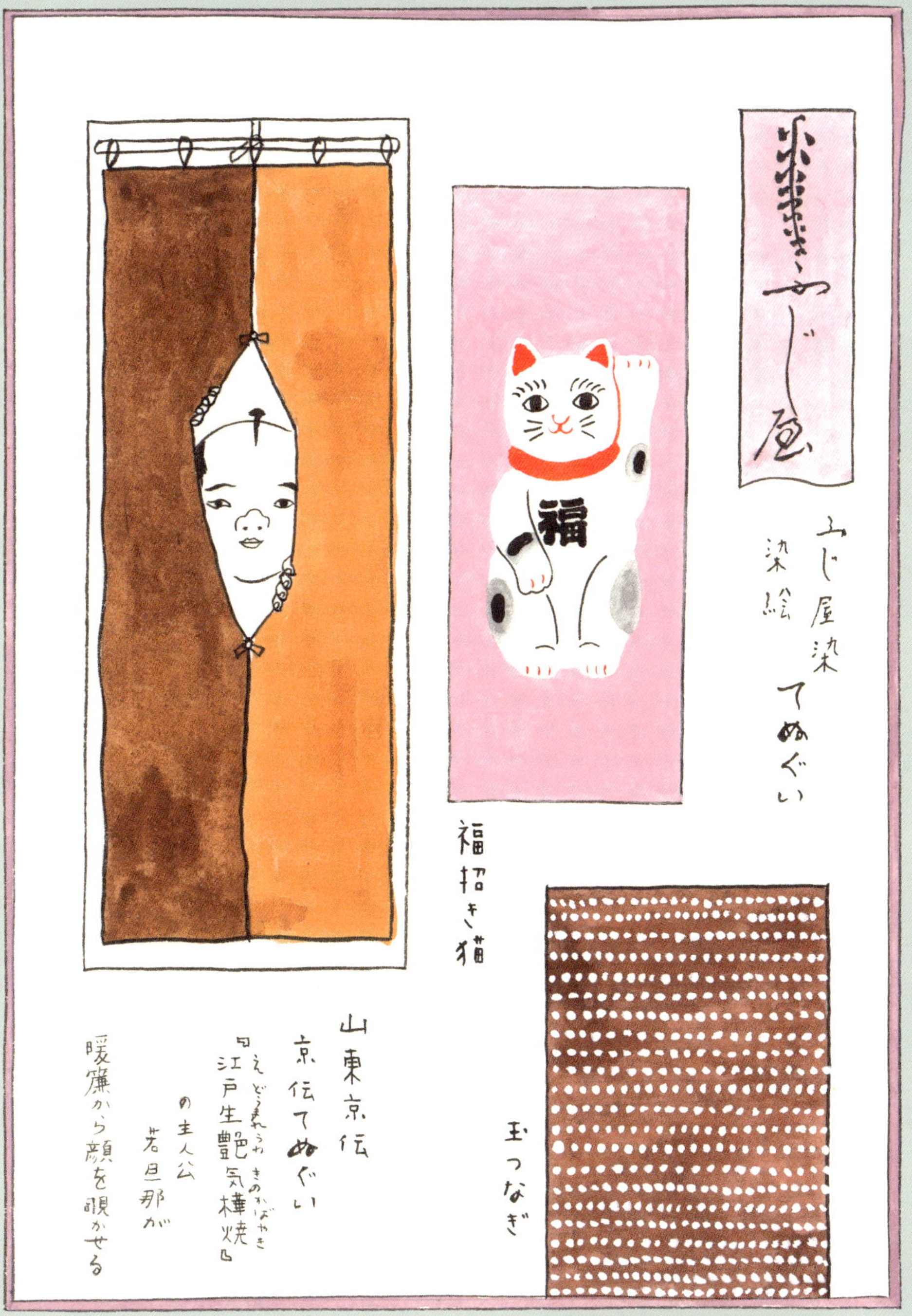
ふじ屋
ふじ屋染
染絵 てぬぐい
福
福招き猫
玉つなぎ
山東京伝
京伝てぬぐい
『江戸生艶気樺焼《えどうまれうわきのかばやき》』
の主人公
若旦那が
暖簾から顔を覗かせる

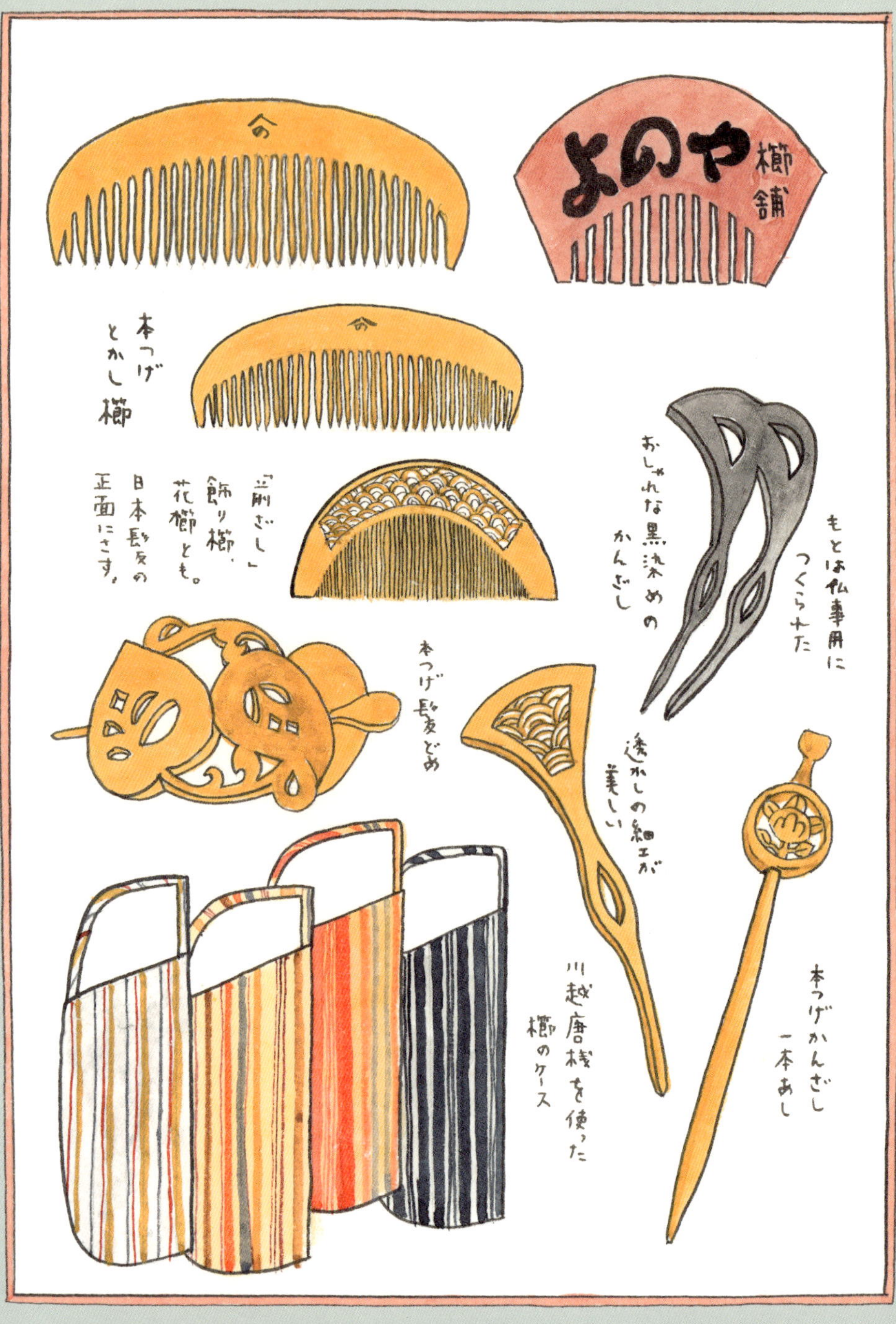
よのや
櫛舗
本つげ
とかし櫛
「前ざし」
飾り櫛、
花櫛とも。
日本髪の
正面にさす。
おしゃれな黒染めの
かんざし
もとは仏事用に
つくられた
本つげ髪どめ
透かしの細工が
美しい
川越唐桟を使った
櫛のケース
本つげかんざし
一本あし

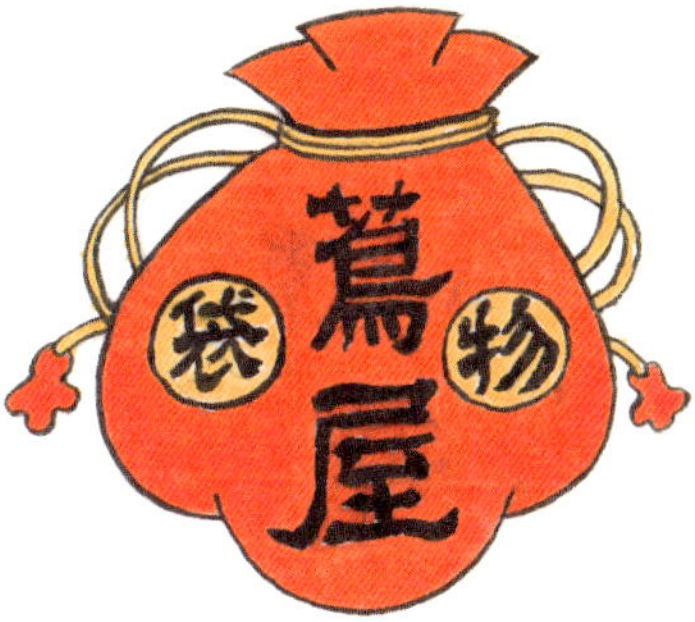

絣を
使った
バッグは
和装にぴったり！

細かな職人仕事が
ピカリと光る
煙草入れ。
燻し銀の魅力

男性用の
印伝提げ袋

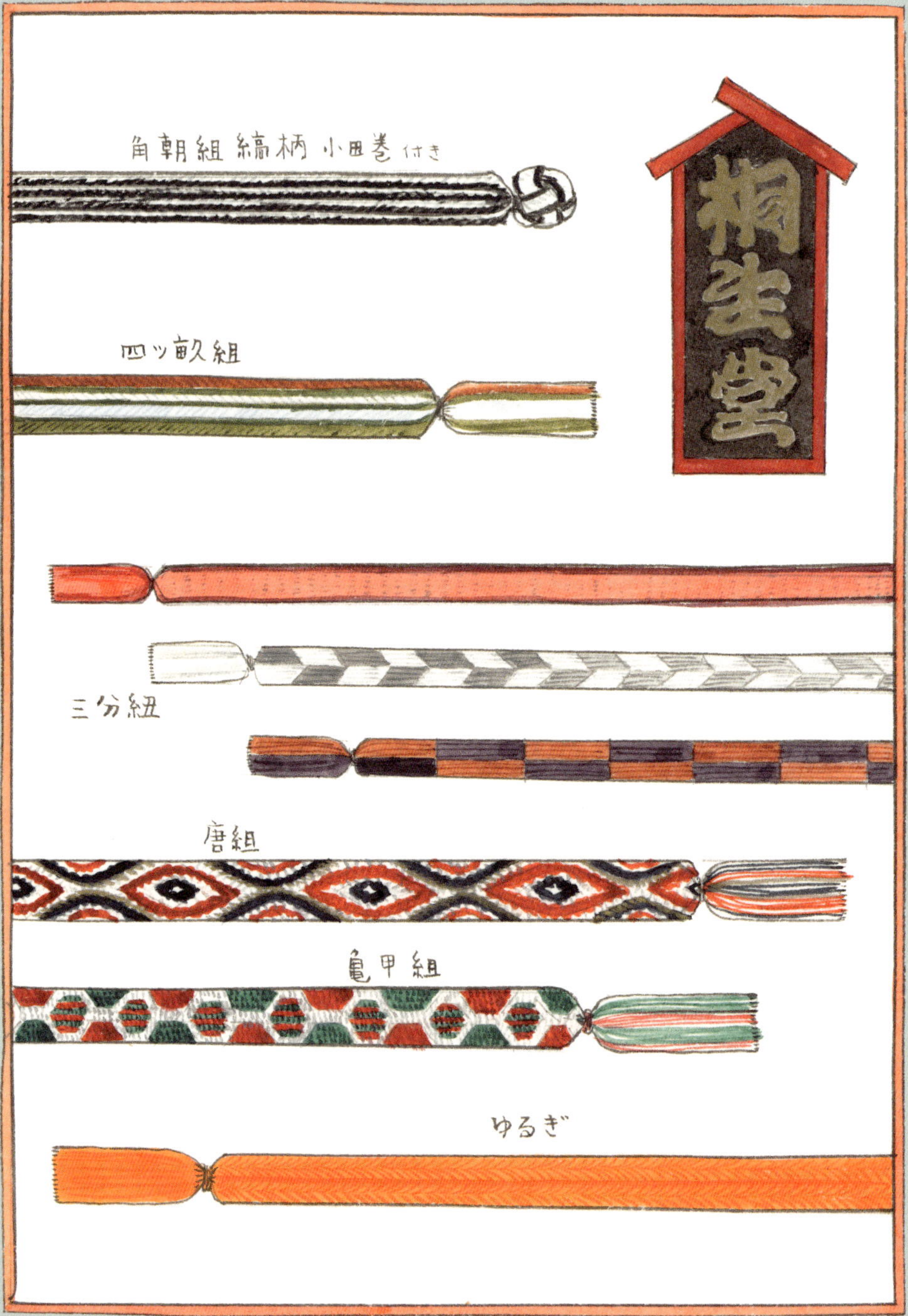
角朝組 縞柄 小田巻付き
桐生堂
四ツ畝組
三分紐
唐組
亀甲組
ゆるぎ

犬印鞄製作所
東京 浅草
純綿帆布を使ったバケットトート。
↖これはミニサイズ、色、ともに豊富
インナーバッグ。
バッグに入れても、そのままでも
ポートフォリオB4
かたくて、やわらかくて、使い勝手スコブルヨシ

ちどり屋
男きもの
千鳥格子の
インバネス
ウール
アンサンブルセット
・ウールアンサンブル
・モスリン長襦袢
・角帯
・羽織紐

7 男着物もトータル三万円でそろえる

ちどり屋

初めての男着物も浅草なら安心！

「休日に家族や友人と街歩きで」「忘年会やクリスマスパーティーへ」といった日常のひときに着物を着る男性がめずらしくなくなりました。男の着物専門店も増えていますし、大手の着物チェーン店や百貨店でも男性の着物売り場を広げています。そんな世の中の流れとは関係なく、浅草には七〇年近く男の着物専門店を営んでいる「ちどり屋」があります。

古着からお手頃価格の仕立て上がり、誂え物の高級呉服まで、とにかく品揃えが豊富で、価格が良心的。「着物を着てみよう！」と思い立った男性は、まず足を運んでほしいお店です。

「ないのは下着と足袋と履物です」というのは、ご主人の越野栄一《こしのえいいち》さん。先々代は、東京の四谷、根津で呉服店を商っていましたが、戦災で焼け出され、昭和二五年頃、戦争から戻った越野さんのお父さまが浅草でお店を始めたのだそうです。戦前の日本人はほとんどの人が着物を着ていたので、高級絹物を扱う店もあれば、実用的な太物（綿・麻・ウールなど）を売る店もありました。「ちどり屋」は太物を扱うお店で、浅草に移った当初は女性ものもありましたが、ほどなくして今のように男物専門になったのだとか。飄々としたご主人が、奥さまとお店を守っています。

「ちどり屋」は、伝統工芸品的なクラスから気軽に着られる着物まで、良い状態のリサイクル着物が幅広くあります。絹物だと五万円位から。ときには、反物だけで七十万から八十万円はするような本塩沢[*43]が、リサイクルで四分の一以下のお値段という掘り出し物も見つかります。長襦袢、長着、帯と全部揃えて一〇万円前後の価格帯が売れ筋だそうです。

「最近はネットで一万円以下のリサイクル品も売られているけど、うちでは着古したものではなく、新古品もたくさん扱っています」

男性のリサイクル着物は、女性よりもサイズ選びを慎重にしなければなりません。なぜかというと男性は対丈[*44]で着るので、女性のようにおはしょりで身丈を調整できないし、裄が短すぎると腕がにょきっと出てしまいます。昔の着物は身丈や裄が短すぎるものがほとんど。もその点「ちどり屋」は身長一九〇センチ前後の人まで対応できるサイズを揃えています。ものによっては寸法直しもできますが、直し代がかかるので、できればサイズの合うものを見つけましょう。

「まったく着物は初めて」というかたでしたら、ウールの羽織と着物のセットが二万円台からあります。これならかなりハードルが低そう。

＊43 **本塩沢〈ほんしおさわ〉**
新潟の旧塩沢町・六日町地方で織られる絹織物。精緻な絣と細かなしぼが特徴で、肌触りがさらりとしている。

＊44 **対丈〈ついたけ〉**
着物の身丈と着丈が同じもの。おはしょりをつくらずに着付ける。

「ウールだと色は九割が紺系になりますが、『男の着物は紺に始まり紺に終わる』といいます。構えが要らないし馴染みやすい色ですね」とのこと。

もちろん、反物を選んで仕立ててもらうこともできます。「初めて正絹の着物を仕立てるとしたら、御召をおすすめします」と越野さん。フォーマルにもカジュアルにも着こなせるし、縫い紋[*45]を入れておけばお茶会などにも着て行けます。

フォーマル以外なら、紬は種類も豊富で張りがあるしっかりした生地が多いので、男性の着物として昔から人気があります。着物好きには憧れの「大島紬」「結城紬」はかなり高額になりますが、そこまでは手が届かなくても「こういうとき、こういう場所に着て行きたい」と伝えれば、予算に見合った反物を出してもらえます。特筆したいのは、いかにこちらがリーズナブルか。産地に直接仕入れに行くので、ものによってはデパートの半値くらいの値札が付けられています。

着物を仕立てる際、仕立て師の技術はもちろん大切ですが、その前に採寸を間違うと元も子もありません。着物は直線断ちなので多少の誤差は着方の工夫でなんとかできますが、自分にぴったり合った寸法で仕立てられていれば、着心地も動きやすさも違います。男性の場合、なんといっても丈が肝心ですが、背丈だけでなく肩やお腹の肉付きによっても丈の寸法が変わってきます。

女性の着物とは仕立てかたが違うので、男性の着物に慣れていない人が採寸すると、とんでもない寸法に仕立て上がることもあると聞きます。その点、「ちどり屋」のような男性の着物専門店なら採寸も安心しておまかせできます。

＊45 **縫い紋〈ぬいもん〉** 刺繍で紋をあらわしたもの。一つ紋を色無地や訪問着に付けると略礼装になる。

＊46 **黒紋付き**〈くろもんつき〉
黒無地に五つ紋を染め抜いた着物や羽織のこと。男性は黒紋付きに羽織袴が慶弔両用の第一礼装。女性は未婚既婚を問わず最高礼装で、格の高い袋帯を合わせるとお祝いの席に、黒の名古屋帯を合わせると喪の席に。

TPOで選ぶ長着と羽織

男性の着物も、素材や色柄によって格付けされます。一番の礼装は黒紋付き[*46]の羽織袴。染め抜き五つ紋を長着と羽織に入れ、仙台平の袴を着用します。歌舞伎役者の襲名や大相撲の千秋楽でのご挨拶などで見ることがあると思います。一般的には結婚式の新郎、その父親や仲人、そのほか成人式や授与式など公の式典、不祝儀の礼装などの場面での装いです。

それ以外のあらたまった場面では、長着と羽織袴の準礼装になります。長着に紋がなくても羽織に紋がひとつ以上付いていれば大丈夫。素材は御召が一般的ですが、紬でもきちんとした見栄えであれば問題ない場合もあります。

羽織袴なしで長着を着て帯を締めるだけの姿を「着流し」といいます。洋装の場合でジャケットを着なければならない場所には、着流しでなく羽織を着て行ったほうがよいでしょう。

羽織は、長着の上にはおる上着。現在一般的なのは、丈が膝上程度の中羽織。時代によって丈は変化しますが、関東では短め、関西では長めの丈が好まれるようです。

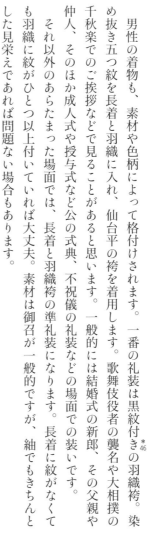

礼装用には必ず紋を入れます。男性の場合、羽織を着ない礼装はあり得ないし、逆に女性の礼装は羽織を着ません。女性が羽織を着るようになったのは江戸中期以降。深川芸者（辰巳芸者）が女であるにもかかわらず羽織を着ているともてはやされ、徐々に花柳界中に広がってゆき、明治になって一般の女性たちも着るようになったといいます。

羽織の裏地に使う「羽裏」は、単衣や薄物にはいりませんが、袷には必要です。なかでも男物で額縁のなかの絵のような豪華なものは「額裏《がくうら》」と呼ばれます。浮世絵の柄にしたり、

ちどり屋さんの大人気商品、「野袴」

友禅で描いてもらうなど、羽裏に凝るお洒落な男性もいますが、ものによっては着物より高くなってしまうことも。「ちどり屋」でも一万円から一〇万円くらいまであります。

「男性の着物は女性のように色や柄が多彩でないので、昔から羽裏や襦袢にお金をかける人もいるんですよ」と越野さん。

袴には、結婚式などで着けるフォーマル以外でもいろいろな種類があります。普段着用のほか武道用や、大相撲の呼び出しが履いている裁付袴《たっつけばかま》など、用途に応じて動きやすい形になっています。

礼装用には生地が固くて張りのある「仙台平」という縞の袴を合わせます。「平」とは平織りの袴地を意味します。仙台市内に「精好仙台平《せいごうせんだいひら》」という重要無形文化財に指定された織物がありますが、そのほかの仙台平は、現在ほとんど米沢で織られているそうです。

フォーマル以外なら、紬や木綿、ウール素材の袴もあります。もちろん普段着や仕事着の際は長着と袴スタイルで、羽織はなくても可。着物を着慣れていない男性から「足元がスースーして心許ない」という声も聞くので、袴はおすすめです。立ったり座ったりするときにも裾を気にすることなく、着流しよりラクかもしれません。辻屋本店のお客さまで袴を愛用する男性は、「袴を着けると背が伸びて丹田がぐっと引き締まるような気持ち」とおっしゃいます。見た目も男らしくて格好いいし、日常の袴をもっと見直してもよいのではないかしら。

日常着や仕事着向けに、裾の細いズボン感覚で使える野袴《のばかま》は「ちどり屋」の大人気商品。雨の日や自転車に乗るとき、茶道を習っている人が水屋仕事の際に着けるなど「一度買ったかたはリピーターになります」とのこと。私も着物を着ていると自転車に乗れないのが悩みどころなので、通勤や買い物に野袴を試してみようかと考えているところです。

「男きものらしく、渋〜い色合いの在庫が充実！
ご主人の越野栄一さん。
落ち着いた心地よい店内
羽織の品揃えも豊富 どれもしつけがついたまま！
店先には、行灯形の看板が
上品なやわらかい着物。角帯のコーディネートもキマッている
ちどり屋
山

夏の着物対策

夏の着物には、蒸し暑い日本の風土で育まれてきた、見る人にも涼しさを感じてもらえる知恵があります。七、八月の盛夏に着る絽や紗、麻（上布）など「薄物」と呼ばれる着物はごく薄い素材なので、下に着る長襦袢が透けることで涼し気に見せる効果があるのです。また流水や金魚、さらに秋を先取りした萩や桔梗などの柄で涼感を演出することも。着物通の人たちのなかには「夏の着物こそお洒落のしどころ」という人も多いのです。

とはいえ見た目に涼し気でも、着て暑いのは仕方ありません。少しでも快適に過ごすために、私は下着で工夫しています。肌襦袢はさらっとした肌触りのクレープ素材。裾除けの代わりにクレープ素材のステテコをはくと汗でベタベタせず裾さばきがよくなります。長襦袢は断然、麻がいちばん涼しい。麻の二部式襦袢が重宝しています。

透け感のない綿小紋、綿縮《めんちぢみ》などの着物、もしくは浴衣を半衿付きで着るときには、レースの筒袖になっている半襦袢が便利です。腰まわりはベンベルグの絽の裾除け、またはクレープ素材か麻のステテコです。

以上はあくまでも普段着の場合です。お茶事やパーティなどで色無地、訪問着を着るときには、暑くても絽の長襦袢にします。

足袋も麻素材にすると涼しいのですが、冷房が効いた部屋では冷えすぎてしまうので、私はキャラコの足袋にしています。衿芯や帯板などもメッシュのものにして、少しでも涼しく。

汗をかいたら、手を抜かずに着物の後始末をするのが大事。帯も着物も吊るして十分に風を通します。綿や麻の下着類は洗濯機で洗えますが、絽の長襦袢は背中と脇に水スプレーをかけて干すと汗がとびます。シーズンが終わったら、絹ものは必ずプロにお任せしてお手入れしましょう。

洗える着物を活用する

浅草には「踊り衣裳」の専門店が何軒かあります。「踊り衣裳」とは、街の呉服屋さんや百貨店の呉服売り場では扱わない特殊な着物。そのほとんどが、色彩が華やかで柄が大きい、あるいは金箔が施してあるなど舞台映えするデザインです。大衆芸能の街、浅草ならではのお店ともいえます。

「踊り衣裳」と看板を掲げていても、店内には派手な商品ばかりではなく、一般の人が街で着られるような無地や小紋の着物も多くあります。

着物の素材は化繊で、洗濯機で洗うことができます。価格も絹の着物に比べれば格段にリーズナブルなので、踊り以外でも和のお稽古事をされている人たちに重宝されています。たとえば茶道を習っている人が、木綿やウールの着物を着て行けないお茶会での水屋仕事にとか、雨の日用の着物としても活用しています。また、飲食店で働くかたが仕事の際に着る着物として買いに来ることも多いそうです。

習い事や仕事でなくても、自分で洗えてアイロンも要らず、お手入れがラクとなれば、一枚持っているとなにかと助かります。私の友人には、もんじゃや焼き肉など臭いが付きそうなものを食べに行くとき、化繊の洗える着物を着るという人もいます。

ひと口に洗える着物といっても、いろいろあります。安いものはそれなりの手触りだし、かなり正絹に近い風合いのものは、お値段もそこそこします。

通気性は正絹に比べると劣るので、蒸し暑い季節はそのつもりで着たほうがよいでしょう。私は暑い季節のお茶の稽古用として透け感がある化繊の洗える着物を購入しましたが、暑さに耐えられず結局着ずじまいでした。

ほかにも肌触りがゴワゴワする、絹に比べると風合いが劣る、裾さばきが悪いなど化繊のデメリットを理解したうえで、低価格でメンテナンスがラクな洗える着物を上手に利用するのはよいと思います。

私自身は絹や木綿、麻などの自然素材が好きなので、日常的には化繊の着物は着ませんが、江戸小紋の洗える着物は雨の日にときどき着ることがあります。

舞踊衣裳ミドリ屋

浅草公会堂の裏にある「舞踊衣裳ミドリ屋」は舞踊関係の人々にご贔屓が多く、関東近県はもちろん全国に顧客を持っています。

店主の八幡滋《やはたしげる》さんによれば「大衆演劇の役者さんもみえますし、ショーで着る衣装を選びに来たりするかたもいます」とのこと。

もちろん一般のお客さま向けの着物もあります。ポリエステル素材の仕立て上りの着物が三九五〇円からと、どれも驚きの価格です。サイズはMとLがあり、季節によって袷と単衣が並びます。帯も、化繊の名古屋帯や半幅帯が三〇〇〇円前後からあります。白地の博多献上柄の帯などは、汗ジミが気になる暑い季節のお稽古事や街歩きには重宝しそうです。

男物の着物は仕立て上りで一万二〇〇〇円から。角帯は一六〇〇円からありますが、踊り用に少し幅が広めです。

新品の仕立て上がりでこのお値段は相当お値ごろと思います。ものによってはデパートの半値くらい。

「いい商品を、とにかくほかの店より安く売るのがモットー」と八幡さんはおっしゃっています。

やまとみ呉服店

伝法院通りに間口の広い店を構える「やまとみ」は、踊り衣裳を多く扱う洗える着物専門店。とりわけ新舞踊の踊り手さんや、大衆演劇の役者さんたちに愛されているお店です。舞台衣装用の着物は、ほかの人とかぶらないことが大事。こちらのお店では膨大な在庫の品物から選んで仕立ててもらえるので、遠方からもまとめて買いに来るとのこと。

一方、お稽古着によさそうな落ち着いた柄の小紋もありますし、江戸小紋の代表的な柄である細かな正方形が規則的に並んだ角通《かくどお》しや、細い縦縞が遠目に無地に見える万筋《まんすじ》など、渋い着物もそろっているので男性のお客さまも多いそうです。

化繊着物のなかでも、とくに質が良いことで知られる東レシルックの反物が一万八〇〇〇円から。反物と仕立て代を合わせて、三万円台で自分の寸法に仕立ててもらえます。

このお値段なら、絹だと勇気がいるような、ちょっと派手めな柄にも冒険できそう。また雨の日用のコートをつくってもよいかもしれません。

「やまとみ」はお祭り用の袢纏も得意分野で、素材は木綿かポリエステル。町会や神輿の会からの、「〇〇睦」など会の名前を染めたおそろいの袢纏の注文が多いそうです。

冬の着物対策

うちの店は入り口を開け放しているので、真冬は寒さとの闘いです。そもそも絹やウールの着物は暖かいのですが、それでも寒い。着物の場合、帯のおかげでお腹まわりは冷えないので、首元、袖口、足元から冷気が入らないようにするのがポイントです。

下着はガーゼの肌襦袢。背中に使い捨てカイロを張ります。それでも我慢できないくらい寒い日は衿ぐりの大きなヒートテックの七分袖Tシャツを衣紋から見えないように前後逆にして着ます。でもそこまでするのはひと冬に何日あるかどうか。

腰から下は、裾除けの下にレギンスか足首までの肌色ストッキングを穿きます。そして薄手の五本指ソックスの上にストレッチ足袋。足袋はレギンスが見えないように五枚こはぜです。「ヒロヤ」さんで購入した綿入れ袢纏には、とても助けられます。暖かいだけではなく、リバーシブルのちょっとお洒落なものなので、そのままお昼を食べに出てもよくて重宝しています。

これは私の仕事中の防寒対策です。今は乗り物や室内の暖房が効いていることも多いので、やりすぎないようにしたほうがよいかもしれません。

ある程度、着物を着るようになったら外出する際の防寒用コートはあったほうがよいでしょう。最初に持つとしたらベルベットやフラノ、カシミヤなどで黒やグレーの着物用コートがおすすめ。コートを着ても衣紋が抜いてあるので首まわりは寒いため、大判のストールで肩から衣紋を覆うとさらに暖かいです。洋服にも使えるストールで問題ありません。肘くらいまであるアームカバーをすれば袖口の防寒もばっちり。衿がゆったり開いていて袖がないポンチョなら洋服と兼用できます。私は普段の着物用として洋服のブティックで購入したウールのポンチョを使っています。

靴と違って草履は足先が寒いので、爪皮付きの草履を履くとだいぶ違います。フェイクファーやウールの爪皮が付いた防寒草履は、うちの店の大ヒット商品です。

2章　江戸は履き倒れ

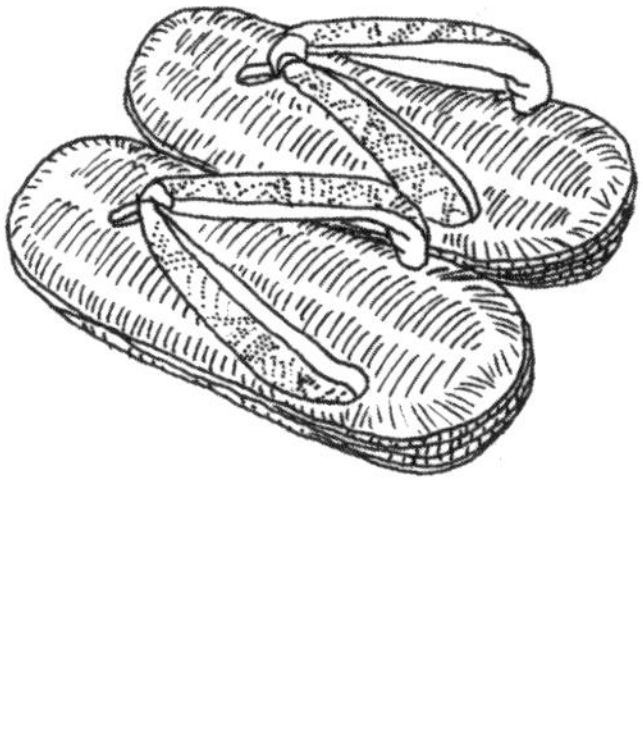

Q 履物にも格があるのでしょうか？ 恥をかかないための、履物のTPOを教えてください。

A 和装履物は着物と帯の格に準じます。大きく分けて、フォーマルとカジュアルがあります。男性は、第一礼装の黒紋付の羽織袴には、畳表の雪駄または草履で、白無地の鼻緒と決まっています。それ以外のあらたまった場面で羽織袴の準礼装には、畳表の雪駄または草履で、黒か紺の無地や柄が目立ちすぎない鼻緒を合わせます。

カジュアルな装いでしたらTPOに応じて雪駄にするか下駄にするか決めましょう。たとえば美術館や劇場では、音がする心配のある下駄は避けます。

女性は金糸銀糸の入った織りの帯地や、金・銀の無地、金彩が入ったデザインはフォーマル用の草履。結婚式や卒業式、入学式などの式典以外で、留袖・訪問着・紋付きの色無地などに履きます。意外と知られていないのですが、織りの鼻緒を合わせた畳表の重ね草履もフォーマルです。

訪問着・付下げなどセミフォーマルの場合には、白や淡いピンク、クリーム色などの革草履がおすすめです。鼻緒は台と同素材・同色、もしくは帯地や組紐、刺繍などが向いています。

フォーマル・セミフォーマル以外の小紋、紬などには、前記以外の草履、もしくは下駄。草履に比べて下駄はよりカジュアルになるので、男性同様、履いて行く場所は考えたほうがよいでしょう。

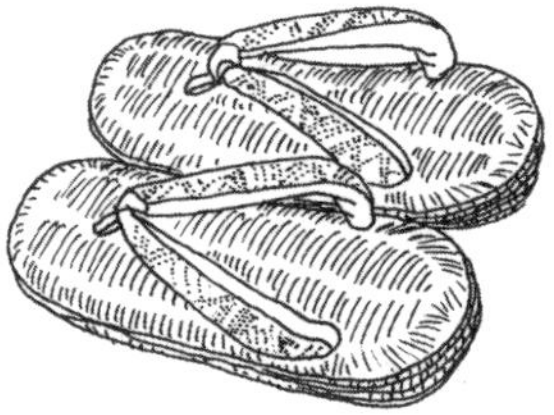

畳表の草履（男性用）

織りの鼻緒の草履（女性用）

Q 草履や下駄で、はじめて買う一足として、「これさえあれば大丈夫」という履物はどんなものでしょう？

A どのようなシチュエーションで、どんな着物に合わせるかによって履物の選びかたも違うので、はじめて買う一足も人によって違います。

たとえば、お茶のお稽古を始めたという男性でしたら、お茶会に履いて行ける畳表の雪駄か草履が必要です。また、仕事がオフの日に、着流しで近所を散歩したいという目的でしたら、気軽な下駄でよろしいのです。

女性の場合も、お友だちとランチや買い物のときに紬や小紋を着るけれども、訪問着などはまず着る機会がないというかたには、下駄もしくはフォーマル用以外の草履をおすすめします。

カジュアルシーンで履くことのみ考えた場合、最初の一足で私がおすすめするとしたら、男性には歩きやすい右近下駄か、紺やグレー、黒などの雪駄、または草履。素材は革や帆布、ホースヘアなどがあります。

女性には舟形下駄か、シンプルな無地で白、ピンク、クリーム、薄ねずなどの淡い色の革草履。カジュアルはもちろん、セミフォーマルにも対応し、季節も問いません。もちろん持っている着物にもよりますが、とりあえず一足目はこれで大丈夫だと思います。

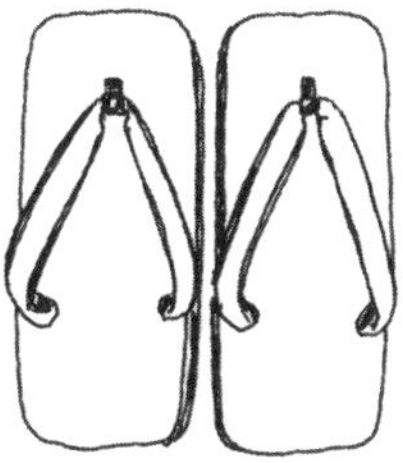
革雪駄

右近下駄

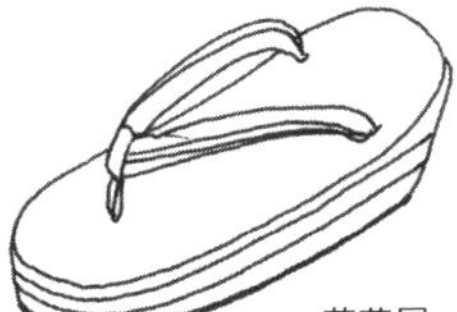
革草履

舟形下駄

Q 下駄や草履はなぜ左右の区別がないのですか？

A 鼻緒のある履物は東南アジアやエジプトなどにも見られますが、日本の履物は古来より左右の区別がありません。理由は不明ですが、これほど長い歴史のなかで変わっていないのは意味があるのだと思います。

台の真ん中に付いている鼻緒を指で挟むので、足の内転筋と虫様筋（親指以外の四本の指にある筋肉）を使うことでインナーマッスルが鍛えられます。重心ポイントが土踏まずと踵のあいだの内側部分になるため、東洋医学でいう上虚下実《じょうきょかじつ》、つまり上半身が緩まり、下半身が安定している状態になり、猫背や反り腰になりにくい姿勢が保てます。おそらく左右のない履物は、日本人の体格にもっとも合っていて、動きやすい形なのではないかと考えられます。

私は二〇代の頃、毎日ヒールの高いパンプスを履いていたせいで外反母趾になってしまい、痛みも伴うほどの症状でしたが、毎日下駄や草履を履く生活になってから、だいぶ改善し、今では痛みはなくなりました。日本の履物は健康にも大きく関わっていると実感しています。

Q 雪駄と草履の違いは？

A 雪駄も草履の一種です。辻屋本店では、爪先の底裏と表《おもて》が直接付いている草履を「雪駄」と呼んでいます。竹皮を編んだもの（いわゆる畳表）、牛革やトカゲの革など、表がどのような素材であってもこのような構造の草履は雪駄です。底裏と表のあいだに芯が入っていれば男物でも草履と呼びます。

雪駄の起源については諸説があります。「千利休の教えを伝える『南方録』には、茶席で露地の出入りに下駄では歩きづらいし音がするので、草履の裏に革を張った雪駄を利休が考案したと書かれている」とか「関西で茶席に履くセキダ（席駄）が生まれ、関東に伝わりセッタと訛り、雪駄・雪踏の文字を当てた」など。

雪駄の底裏には「象皮」と呼ばれる固い牛革が使われます。芯の入った草履には象皮ほど重くないクローム革を使用することが多いです。

雪駄の踵には金具が打ってあります。現在は「馬蹄型」または「テクター型」のいずれかを選べます。昔はチャラチャラ大きな音がする「ベタガネ」という大きな金具があり、江戸時代の奉行所の同心はこの雪駄を履いて市中を闊歩していたので、「雪駄チャラチャラ」は同心の代名詞だったとか。

女性用にも、表と底の間に芯が入らず雪駄と同じように直《じか》に付けてある草履があります。草履のなかではいちばん低く、履き慣れた通好みの人に好まれます。

Q 履物のサイズは靴と同じでしょうか？

A 和装履物のサイズは、靴のように細かく分類されていません。七寸七分（約二三センチ）、八寸三分（約二五センチ）など昔からの尺貫法によって分かれていますが、今はわかりやすく、S、M、L、LLと表示しています。

うちの店では、あくまでも目安として靴のサイズをお聞きします。たとえば二四センチでも、足幅が広かったり、甲が高い人は、和装履物ではMサイズかもしれません。逆に細くて甲が薄いけれども指の先から踵までの長さがある人はLサイズになるかも。指の長さによってサイズが変わってくることもあります。

履いてみて踵が台から一、二センチ出るくらいのサイズを選べば履きやすく、見た目もきれいです。台の幅はあまり履き心地には影響しません。

よく「小指が外にはみ出てしまう」とおっしゃるかたもいますが、鼻緒は台の真ん中に付いていて、足の親指と人差し指の間に前坪を入れるので、小指側が台の外に出るのは当然なのです。草履も下駄も正しいサイズの台を選び、甲の高さや幅に合わせて鼻緒を挿げれば、履き心地よく快適な一足になります。

Q 鼻緒は、太くてやわらかいほうが足が痛くなりづらいのでしょうか？

A 鼻緒の構造は、筒状に縫った革や生地に紐と綿、固いボール紙製の芯を通してあります。挿げ職人がお客さまの足に合わせて鼻緒を挿げるには、ある程度の固さが必要です。きちんと芯が入って仕立ててある鼻緒でなければ、カーブをしっかり付けられないのです。

鼻緒が足に固定されて動かなければ、歩く際に足に台が付いてくるので、痛くなることはありません。輸入物の下駄に多くみられますが、芯にウレタンスポンジしか入っていないフワフワのやわらかい鼻緒は足に固定されないので、鼻緒ずれするどころか足を傷めたり外反母趾になる心配もあります。

また鼻緒をつぶしたり曲げたり、足を入れる際に鼻緒が撚れたりすると、芯のボール紙が変形して戻りません。「鼻緒をもんで柔らかくするとよい」という人がときどきいますが、履物屋の常識ではいちばんしてほしくないことです。

「鼻緒が太いほうが足に当たる鼻緒の面積が広くなり、足に食い込まないのでは？」と考えがちですが、鼻緒が太くても細くても足の甲の高さやカーブにフィットしていれば痛くなることはありません。

下駄を素足で履く場合は、鼻緒の裏の素材によって履き心地が違います。鼻緒の裏が固い革よりも別珍や縮緬、絹など肌触りのよい素材が使われている鼻緒を選ぶとよいでしょう。縫い目が足の甲に当たって痛くなることもあるので、鼻緒の仕立てかたも要注意です。

Q 雨の日に草履や雪駄を履いても大丈夫でしょうか？

A 芯がコルク製の草履は、鼻緒の紐を通す底裏の穴から水が浸み込むと台にダメージを受けて、修理できない場合もあります。雨の日には、底裏の穴が閉じられ防水加工されている雨用の草履を履くことをおすすめします。足袋が濡れないように、台に爪皮が付いている雨用草履もあります。

ウレタン製の草履は濡れても大丈夫ですが、鼻緒の調整ができないのと、買ってから年数が経っていると劣化してボロボロになることもあるので注意してください。

雪駄も草履と同じく、底裏の穴から水が浸み込むと、革や布との接着が剥がれる心配があります。畳表の雪駄はとくに水濡れには要注意。竹の子の皮を細く割いて編み、蒸して圧縮し、雪駄の形に整えてつくるので、水を含むと膨張して元に戻らなくなります。高価な南部表（編み目が揃っていて細かく特上の畳表）も例外ではありません。お天気が心配な日は、履き替えの雨用草履や下駄を持って出掛けることをおすすめします。

雨の日の履物として昔から使われているのは、爪皮のついた雨下駄。下駄の歯にゴムを引っ掛けて爪先をカバーする爪皮は色や柄も選べるので、雨コートと合わせるとコーディネートも楽しめます。駒下駄、千両下駄など歯のある下駄に使えます。白木は水が浸みると跡が残ることがあるので、雨用には塗り下駄が向いています。草履に比べると下駄のほうが「かえり」がよいので、ハネが上がりにくいという点もあります。

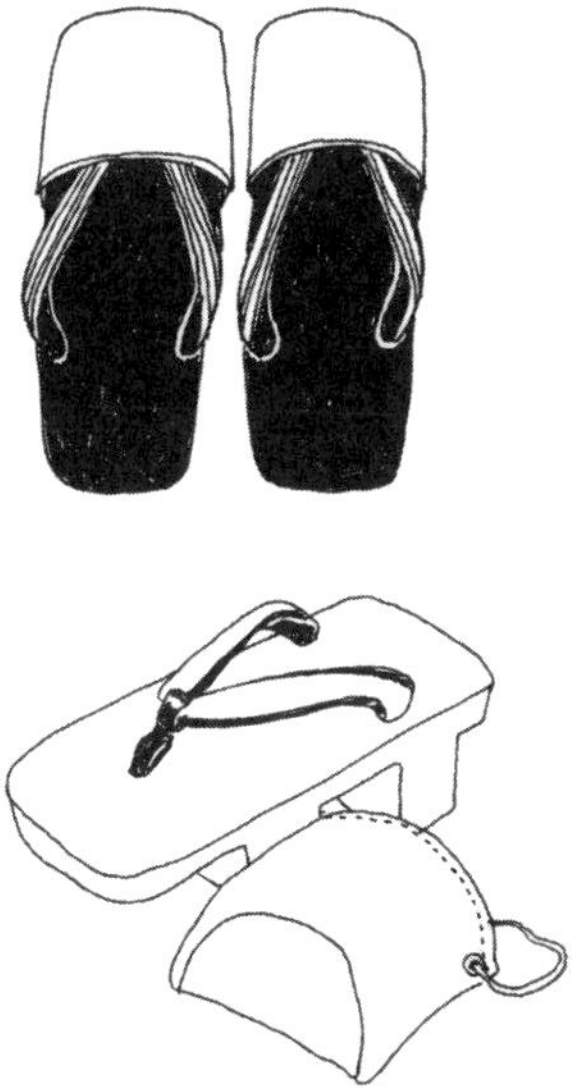

Q 草履の高さや段の数はどのように選べばよいでしょうか？

A

「草履は台の高さがあるほどフォーマル度が上がる」と教わることが多いようですが、高さにあまりこだわることはありません。フォーマルの着物や帯には、ある程度の高さがあるほうが全体のバランスがよいこともありますが、背が高いのを気にされている人が無理に高さのある草履を履く必要はありません。

お洒落着や普段履きには、四〜六センチくらいの草履が一般的ですが、お好みの高さを選んで構いません。

草履の段の数は「何寸何枚」とか「何分何枚」などと呼びます。例えば「一寸一枚」は一寸（約三・三センチ）の台が一枚の草履で、「五分三枚」は五分（約一・五センチ）の台が三枚重ねてある草履となります。どちらかというと関西方面は一枚巻きの台、関東方面は段のある台が好まれる傾向にあります。

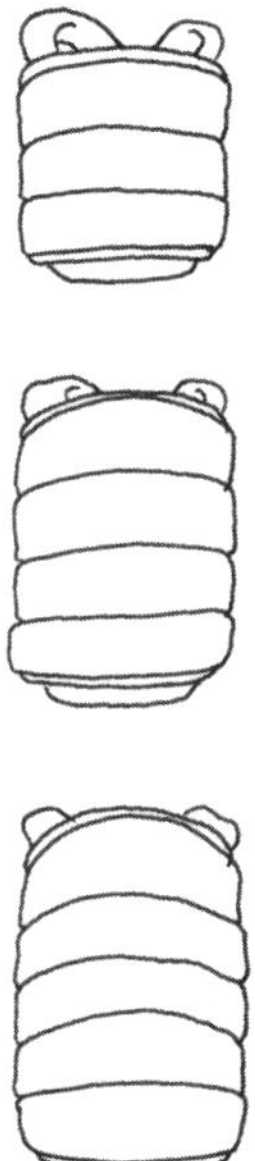

Q 下駄は夏の浴衣だけではなく、一年中履いてもいいのでしょうか？ その際、浴衣や着物によって合わせかたに決まりはありますか？

A

下駄は、男性も女性も夏の浴衣に限らず、フォーマル・セミフォーマル以外の和装で履くことができます。

下駄の素材は木。昭和の戦争より前、下駄が日本人の日常の履物だった頃は、さまざまな種類の木でつくられていましたが、今はほとんどが桐や杉です。とくに桐は軽くてとてもラクです。また加工しやすいので、昔ながらの駒下駄や千両下駄、後丸下駄など歯のある下駄や、台にカーブがついた右近下駄、草履のような舟形下駄などいろいろなデザインがあります。

選びかたで「浴衣用」「着物用」などの決まりはありませんし、素足でも足袋を履いてもどちらでも構いません。台の色や形もお好みしだい。

歯のある駒下駄や千両下駄は、下駄らしい形とカランコロン音がするのが好きというかたも多いのですが、慣れていないと階段の上り下りの際にちょっと気をつけたほうがよいですね。歯のない右近下駄や舟形下駄は、底裏にゴムが貼ってあるので滑りづらいし、減りが遅いので人気があります。浴衣や着物に似合う鼻緒を選んで、自分だけの一足をカスタマイズできるのも下駄ならではの楽しさです。

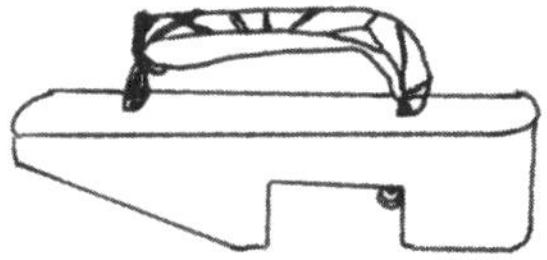
後丸下駄

駒下駄（女性用）

千両下駄

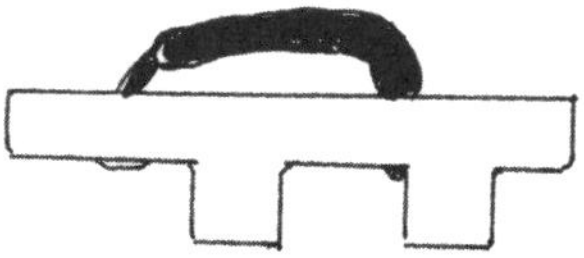
駒下駄（男性用）

舟形下駄

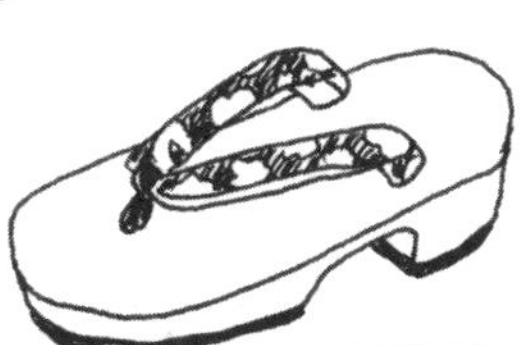
右近下駄

Q 台と鼻緒を自分で選ぶ場合、素敵な「オンリーワン」にするためのポイントはありますか？

A 着物の色柄を選ばず、何にでも似合う草履や下駄は一足あると重宝です。一方、履物を替えるだけで、全体の印象が変わることもあるので、草履や下駄で個性や好みを表現できたら、着物を着るのがより楽しくなります。モノトーン系の着物と帯に合わせて、草履と帯締めにビビッドな差し色を持ってきたり、藍染めの浴衣と白っぽい帯には、下駄の鼻緒にちょっと紅色を加えてみたり。全身を覆う着物に比べて履物の占める割合は小さいですが、だからこそあそびの自由度が高いといえます。

「どうせ草履は目立たないから何でもいいのよ」とおっしゃるかたがいますが、とんでもない！ 自分では見えなくても、ほかの人から結構見られているのが足元。とくに台の爪先と側面は意外と目立つので、ここにデザイン性がある草履はお洒落に見えます。

また鼻緒の前坪は重要なポイント。鼻緒の裏生地と同じ色に合わせる、赤を効かせる、台と反対色を使うなど、ほんのわずかな部分ですが影響力はかなり大。

慣れないかたは、ご自分の着物や浴衣と帯の写真をスマホで撮っておくと、履物選びの際に便利です。

Q 「足が痛くなる」という潜入感があって、下駄や草履を履く勇気がありません。疲れない履きかたや、歩きかたはありますか？

A 歩くときには踵から着地して、足裏全体を地面につけ、最後に爪先で蹴って進みますが、靴の場合は足全体を覆っている革自体が曲がります。一方、和装履物は鼻緒だけで足の甲に固定していて、足をのせる台は曲がりません。そのため鼻緒に負荷がかかり、甲に当たっている部分が擦れると痛くなるのです。

下駄、草履などの和装履物は、できるだけ足裏を台から離さずに歩くようにするのが疲れないコツです。それには甲の高さ、幅、カーブにぴったり合うように鼻緒を挿げることが肝心。鼻緒をゆるくすれば痛くならないと思い込んでいるかたがいますが、それは間違い。ゆるすぎると足が台の上で滑るので鼻緒擦れしたり、足全体が前にのめって体重が指や指股にかかるために痛くなります。履物が自然と足についてくれば痛くならずに軽く感じられるし、歩く様子もさっそうと格好良く見えるのです。

既製品を自分の足に合わないまま履いたら、痛くなるのは当然。そういうときは、和装履物専門店で挿げ職人に鼻緒を調整してもらってください。

もうひとつのポイントは、鼻緒の前坪と指股のあいだにほんの少し隙間をつくって履くようなイメージを持つこと。それだけで疲れかたが違います。

下駄や草履を履き慣れていないと足指の筋力が弱くなっていて、前坪をはさむことができずにドタドタ歩いてしまうので、よけい疲れたり痛くなってしまうことも。下駄や草履を履くことで足指が鍛えられ、疲れづらくなります。

Q 草履は、台の幅が広いほうが疲れないでしょうか？

A

草履の台の幅は、履きやすさにはあまり影響しません。むしろ、台の傾斜や鼻緒の挿げかたによる部分が大きいです。

台の幅はデザインの好みの違いです。関西方面は幅広でぽってりした台を好む傾向があり、関東方面はどちらかというとほっそりした台を好むといわれていましたが、今は小判型と呼ぶ幅が広めの台も増えてきました。昔は下駄も関西は幅が広くて、関東は狭かったそうです。

疲れにくいかどうかは、幅よりも台の傾斜による部分が大きいです。傾斜が急でカーブがきつい台よりも、傾斜が緩やかなほうが前坪にかかる負担が少なく、疲れにくいと思います。呉服屋さんが扱っている草履は、なぜかカーブがきつい台が多いようです。

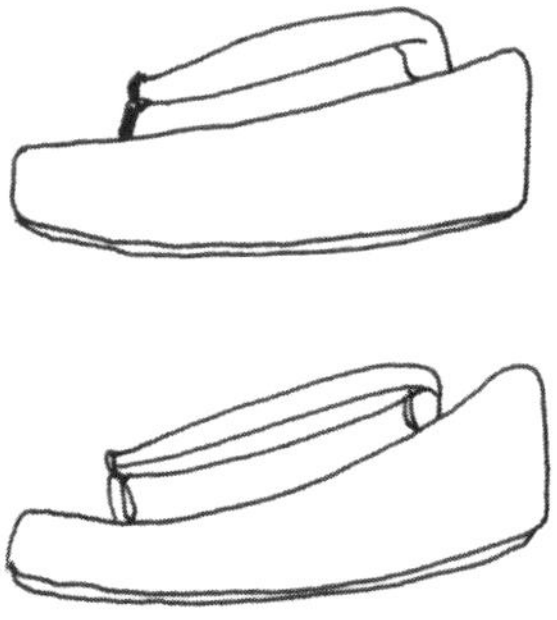

Q 和装履物専門店ならではの良さはどんなところでしょうか？

A

うちの店には「鼻緒が痛くない下駄が欲しい」「疲れない草履はありませんか」というお客さまが毎日のようにみえます。台にクッション性がある、底裏がすべりづらい、鼻緒の裏が足当たり良いなど、履物の素材に関する要因はもちろんあります。

しかしもっとも大切なのは「鼻緒挿げの技術」です。高級な革を使っていたり、台の芯や底裏が新素材になっても、鼻緒がぴったり足に合っていなければ、履きづらいし疲れます。

職人がその場で、お客さまの足に合わせて鼻緒を挿げるのが和装履物専門店。鼻緒が緩んで履きづらくなったら調整しますし、踵が減ったら新しい踵に交換します。草履や下駄を売るだけでなく、鼻緒挿げの技術とメンテナンスも合わせて商品であると私自身は考えていますし、店の者にも伝えています。

最近は、百貨店や着付け教室、呉服屋さんの催事などで職人が鼻緒を挿げていることもありますが、そういうイベントのときだけ呼ばれる職人さんたちは普段メーカーや問屋向けに挿げているので、お客さま一人ひとりと対面していません。やはり目の前のお客さまの足に合わせて履き心地よく鼻緒を挿げる役割を担うのは、履物専門店といえます。

着物との合わせかた、出かける場所にふさわしい履物の選びかたなども相談できます。そして自分だけの一足をお誂えすることも可能です。台と鼻緒を選べるだけでなく、お店によっては色や台の高さなど希望にそって一足からつくってもらうこともできます。

着物初心者のかたならなおさら、お気軽にいらしてください。

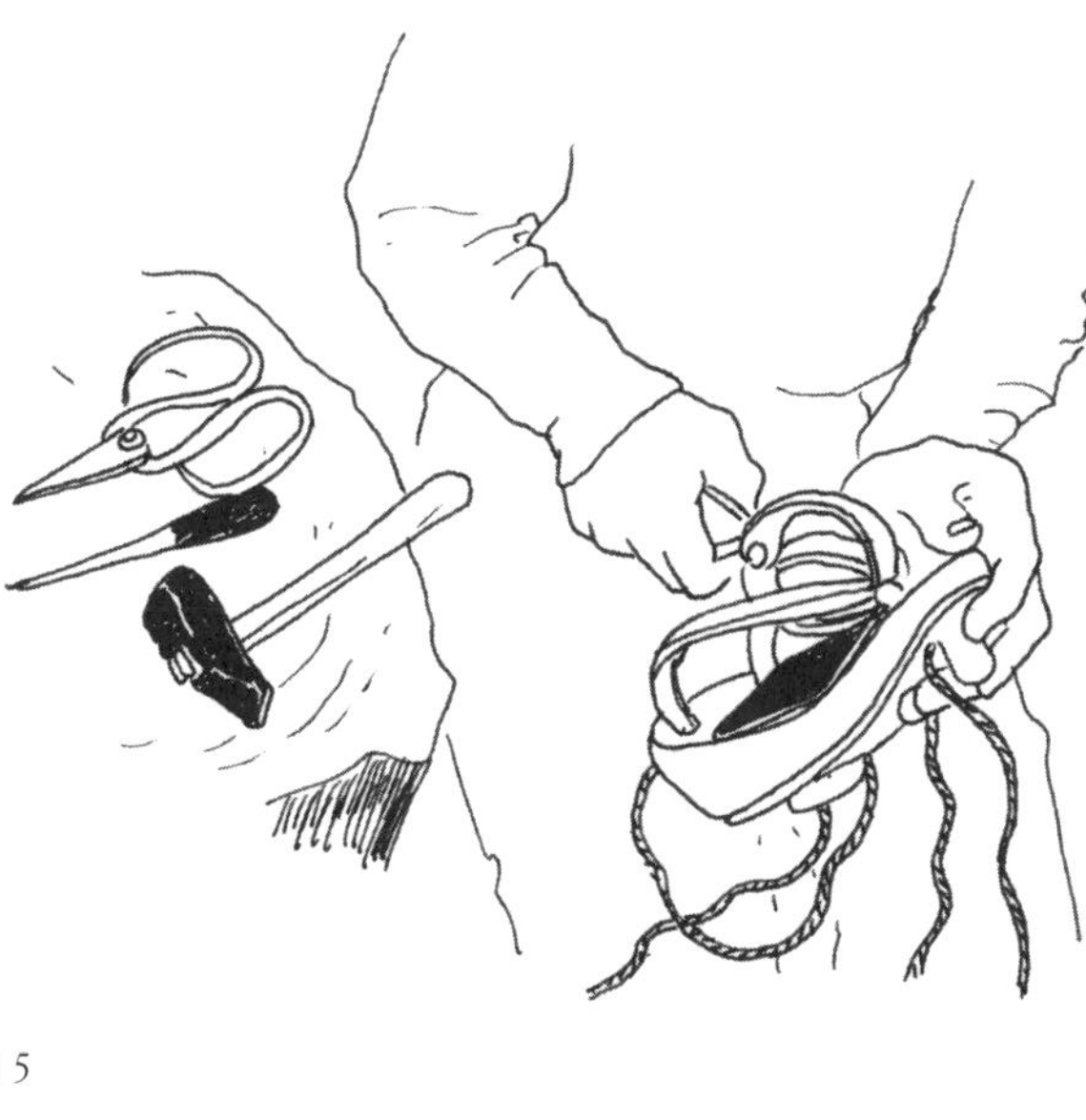

Q　長く履くために注意することやお手入れ方法、メンテナンスについて教えてください。

A　草履はコルク製の芯に革や布、合皮などを巻いてつくられています。そのため濡れると鼻緒の紐を通してある穴から水が浸み込んで、コルク芯が傷んだり接着剤が剥がれることがあります。できるだけ濡らさないように、雨の日には履かないこと。急な雨などで万が一濡れてしまったら、底裏も乾くように立て掛けてよく陰干ししてください。

汚れが付いてしまったら、乾いた布で拭いてください。汚れがひどい場合は、薄めた中性洗剤を布に付けて軽く拭きます。あまり強くこするとエナメル質が取れてしまうので気をつけましょう。

畳表の草履や雪駄は、汚れが目立ったら畳の目にそって消しゴムでこすると多少きれいになります。酢で汚れを落とすというのは間違い。竹皮を傷める恐れがあります。畳表と底裏の革を接着剤で貼りつけているものと手縫いのものがありますが、底裏の革が傷んだ場合、手縫いのものは張り替えることができます。

草履や雪駄はまめに踵をチェックして、踵が減っていたら、底革まで浸食する前に交換しましょう。なお保管方法は、箱に入れるなど鼻緒がつぶれないようにして、湿気の少ない場所にしまいます。

下駄の場合は、木製なので基本的には使用後に陰干しして湿気の少ない場所に保管します。駒下駄、千両下駄など昔ながらの歯のある下駄は、ときどき左右を取り換えて履くと均等に減ってゆきます。右近下駄や舟形下駄は、草履と同じように踵のゴムが減ったら取り換えることができるので、より長持ちします。なお底裏のゴムにめり込んだ砂利は補強にもなるので取り除かないほうがよいでしょう。

草履、下駄ともに辻屋本店では台または鼻緒のどちらかが傷んだ場合、台のみ、鼻緒のみの交換も承っております。当店の履き物であれば挿げ代金は不要です。

Q 粋な履きかたや江戸好みの下駄や履物など、浅草ならではのアドバイスがあれば教えてください。

A 東京の下町界隈は昔から職人が多いので、独特な美意識を持っているようです。どちらかといえば、すっきり細い台や鼻緒で、色もあまり派手でないものを好みます。鼻緒の柄でいえば、縞や格子の種類が多くなります。トンボ（勝ち虫）や鱗《うろこ》、爪《つめ》、菖蒲《しょうぶ》などの古典柄も定番ですが、ドクロや般若などちょっとやんちゃな柄も意外と人気があります。

おじさまがたが、下駄や雪駄の踵をふつうより出して履いているのも浅草好み。

うちの店の人気商品に「坪下がり」の下駄や雪駄があります。通常の下駄や雪駄よりも鼻緒が後方に付いていて、幅が狭く、爪先が長く反り返り、踵をかなり外側にはみ出して履きます。これは鳶の頭が履く坪下がりの雪駄に近い形状でつくったもので、「粋でカッコいい！」と憧れる男性が買って行きます。坪下がりの下駄や雪駄には、細い鼻緒を挿げます。お祭りを中心に一年がまわる下町ならではの感覚といえるかもしれません。

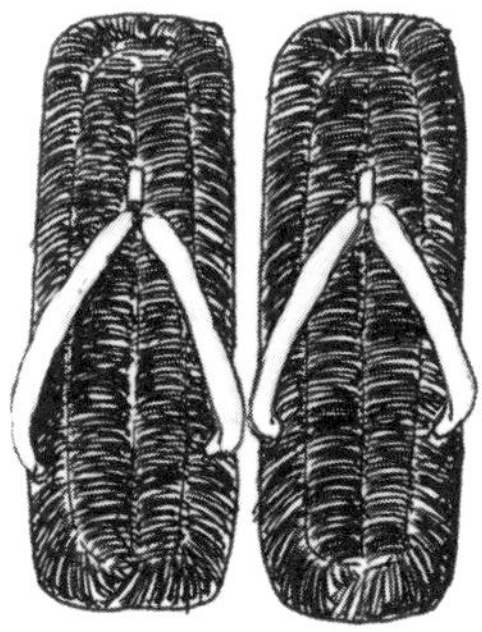

坪下がりの雪駄

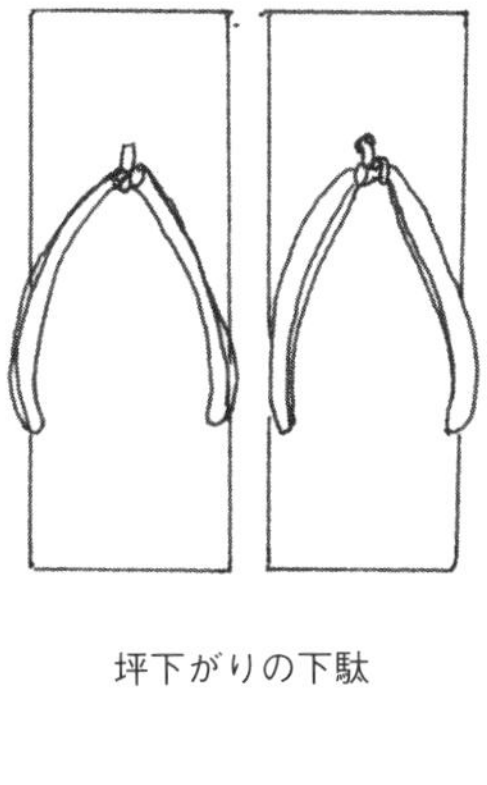

坪下がりの下駄

プロに聞く着物のお手入れ法

着物を着始めて、ぶつかる壁のひとつが「お手入れ」ではないでしょうか。絹の着物は汚れたからといって家の洗濯機で洗えません。シミや汚れを付けてしまって、「どこに持って行ったらいいかわからない」という相談をたびたび受けます。

私がお世話になっているのは、浅草寺の北側、千束通りの裏にある「田中染色」。呉服屋さんやデパートのほか、一流ホテルからも染み抜きの相談が持ち込まれる業界では有名なお店です。こちらを頼りにしているリサイクル着物屋さん、スタイリストさんも数知れず。社長の田中政和《まさかず》さんは一五歳でこの道に入り、五〇年以上ものキャリアがある染み抜きの達人です。

田中染色

着物のお手入れやお直しを頼むのは「悉皆屋《しっかいや》」さん。着物の染め替え、洗い張り、シミ抜きなどの仕事を請け負ってくれます。ちなみに「悉皆」とは「みなことごとく」という意味で、着物のメンテナンスをすべて任せることができます。

着物や帯を売る呉服屋とは別に、着物に関係する業種には洗い張り屋、湯のし屋、糊屋、染め屋、紋屋、仕立て屋など二八業種があります。悉皆屋はそういった職人と個人のお客さまを橋渡しする役目で、生地の種類や性質など幅広く専門的な知識を持つ「頼りになる存在」です。

しかし、着物人口が減少するにつれ、悉皆業もどんどん減ってきて、昭和三〇年代には都内で一六〇〇軒あったのが現在は八一軒だとか。田中染色は染めやシミ抜き専門の悉皆屋さんです。

「花柳界が近いから、毎日のように芸者さんが誰かしら来るよ」と田中社長。

私の場合、着物は仕事着でもあるので汚れや傷みは避けられません。そんなときには、「衿や袖口は薬局で売っているリグロインで拭けばいいよ」と田中さんから教わったのですが、自分でやって着物をダメにするのが怖くて、結局こちらにお願いしています。着物の種類によって違いますが、衿と袖口の汚れ落としは二〇〇〇円くらい。

何回か着て、全体的に汚れが目立つようになってきたら「丸生洗《まるいき》い」に。丸生洗いとは、着物専用のドライクリーニングのことです。ただし長い時間ドライクリーニングでガラガラまわすと着物にダメージがあるため、田中染色では汚れを落としてからゆすぐ程度だそうです。

「デパートで着物を買った人が、シミ抜きをそのデパートに相談したら、目玉が飛び出るくらい高くてびっくりして、京都をはじめいろいろ探した挙句、うちに持ってきたこともありますよ」

逆に、最近はチェーンのリサイクル着物店などで着物のクリーニングを驚くほど低価格で請け負う店もありますが、安い業者はクリーニングで使う溶剤でコストを落とすことがあるため要注意。溶剤の原料に使う石油が安いものだと絹を傷めることがあるのだとか。

なお丸生洗いでは食べ物や飲み物のシミなど油系の汚れは落ちますが、汗などは落ちないため、丸生洗いを三度したら「洗い張り」を頼むのが理想的です。洗い張りとは着物をいったん解いて洗い、板に張ったり伸子張りにして糊付けし、シワを伸ばしながら乾かす方法です。日本人の多くが生活着として着物を着ていた昭和三〇年頃までは、家庭の主婦の仕事でした。

「絹は水に通すと生き返り、元のハリや色が蘇る素材です」と田中さん。絹の着物は昔から高価なものでしたが、私たちの先輩がたは洗い張りして仕立て直しながら大切に着続けました。古くなったり飽きたら捨てて、安くて新しい服をどんどん買う現代のファストファッションとは真逆です。

自分でできる着物のお手入れについても、田中さんにアドバイスをいただきました。

「着物を一日着たら必ず陰干しすること。汗は風を通せばとびます。保管は密閉性が高く、湿気が入らない桐箪笥が理想的です。箪笥の上と下に除湿シートを入れておくのがおすすめ。ナフタリンを入れて箱や引き出しにしまう場合は、手ぬぐいなどに二重に包んで四隅に置きます。着物が変色する恐れがあるので、畳紙《たとうし》の上には置かないこと」

食事中に、着物に食べこぼしなどのシミを付けてしまった場合は「応急処置としては水を少し含ませたおしぼりで、シミが付いた部分をたたく。こすってはダメ。その後、自分の手のひらを当てて温もりで乾かします」

それでも落ちなかったり心配なら、やはりプロにお任せするのがいちばんです。

雨の日の着物対策

雨の日には、濡れてもハネがあがっても家の洗濯機で洗える、気楽な木綿や化繊の着物を着ることが多いです。デニム着物も活躍します。

絹の着物でお出掛けの際は、やはり雨コートが必需品。薄手の雨コートが一枚あると春先や秋口にちり除けコートとしても使えて重宝です。「お天気、あやしいな」という日にはポーチに入った携帯用の雨コートをバッグに入れて出ます。

ひどい土砂降りの際は、着物の裾をまくり、帯にクリップで留めて裾が汚れないようにしています。上に雨コートを着てしまえばわかりません。ただし雨コートを脱ぐときさりげなく元に戻すのを忘れずに。

草履は基本的には履いてはだめ。底裏に開いている鼻緒の調整穴から水分が浸み込むと、コルク芯に貼ってある革がはがれてしまいます。雪駄も同様で、畳表の雪駄はとくに濡らさないよう要注意です。

昔からあるのは爪皮の付いた雨下駄です。駒下駄やのめり下駄をお持ちなら、別売りしている爪皮を付ければ雨下駄になります。滑らないように歯に滑り止めのゴムを付ければ安心です。雨コートと爪皮の色を揃えるなどコーディネートの一部として選べば雨の日のお出掛けも楽しくなります。雨がやんだり屋内に入ったら、爪皮をはずします。

下駄は履き慣れないから不安があるというかたは、爪先にドーム型のカバーが付いた雨用草履があります。底裏にゴムが貼ってあるので水が浸み込まない構造です。携帯用のビニール製草履カバーもありますが、草履の台や鼻緒を傷める危険があるので本降りの日には雨用草履をおすすめします。改まった場所では面倒ですが、雨用の草履は脱いで替えのものに履き替えましょう。

デパートや呉服屋さんで売られている雨用草履は鼻緒の調整ができず緩んだらおしまい、というタイプが多いのですが、うちは専門店ですので、足に合わせて鼻緒を調整できる雨用草履を扱っています。

3章　浅草　着物歳時記

一月

お正月と新春浅草歌舞伎

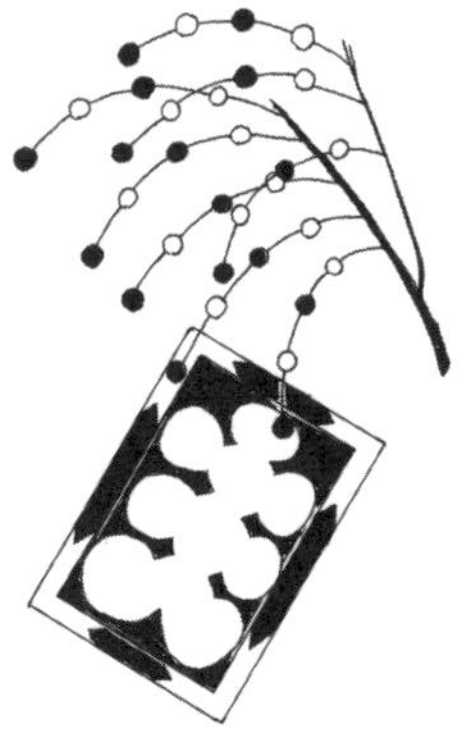

お正月の三が日、浅草は初詣客でいつも以上に賑わいます。華やかな正月飾りで彩られた仲見世は、観音さまへ向かう参拝客の行列が続いて横切れないほど。私たちがようやくお詣りできるのは、四日過ぎになるのが毎年のことです。

私が子どもの頃のお正月は、親戚中が店に集まり、親たちが忙しく働くあいだ、従兄弟たちと商店街であそぶというのが恒例でした。私の母はお隣から父のうちにお嫁にきたのですが、母の実家もやはり商売をしていたので、私にとってお正月は家族総出で働くのが当たり前でした。お屠蘇とお雑煮で新年の挨拶もそこそこに、家族それぞれ和服で身支度を整えて店に向かうのです。

大きくなってから友だちがスキーや旅行へ出かけると聞いても、賑やかなお正月の浅草から離れがたく、高校生になると地毛で日本髪を結い、祖母が仕立ててくれた一張羅の着物を着せてもらい、嬉々として店の手伝いをしておりました。

母方の祖母は料理上手だったので、結婚する前も父は家の物干し台から母の家にあそびに行っては、一緒に晩御飯を食べていたそうです。母も、祖母の味をしっかり受け継いでいて、お節料理にはとりわけ腕を振るっていました。一方、父方の祖母はとにかく商売がいちばんという人だったので、家事は出身地の福井から来ていたお手伝いさんにまかせていましたが、お正月は母がお重に入れて持って行くお節料理を楽しみにしていたものです。

浅草のお正月がさらに華やかになったのは、昭和五五（一九八〇）年から歌舞伎公演が行われるようになったことも大きく影響しています。

江戸時代末期、浅草の猿若町には「江戸三座」と呼ばれる幕府公認の芝居小屋があり大変な賑わいだったといいます。それから長らく浅草から歌舞伎の灯は消えていましたが、地元の人々の熱い思いから復活、「新春浅草歌舞伎」として浅草公会堂で毎年開催されるようになりました。熱気あふれる若手役者たちの成長を見守る楽しさ、そして大劇場とはひと味違った親しみやすさがあるのが新春浅草歌舞伎です。

公演中、一日だけ地元の人たちが観劇する「総見」があり、この日には浅草の芸者衆がロビーでお客さまをお出迎えします。お正月の芸者さんは「出の衣裳」と呼ぶ黒の五つ紋の引き着の正装。丸帯を柳に締め、印籠、紙入れ懐紙に帯飾りを下げます。頭は芸者島田という日本髪にべっ甲の櫛、前挿し、笄《こうがい》、そして松の内は干支の簪《かんざし》と稲穂を付けます。黒の正装でずらりと並ぶ芸者衆はまことに艶やか。赤い絨毯の大階段に、黒の引き着の裾から覗く赤い襦袢、白塗りの顔に口元の紅、艶やかな日本髪。華やかななかにも凛としたまさに浅草のお正月らしい情景です。

総見の日ばかりはお店を従業員にまかせて、私たち家族もよそゆきの着物で歌舞伎を楽しむのが唯一、お正月の息抜きです。

二月　花街と節分お化け

仲見世のお正月飾りもはずされ、初詣客も落ち着く立春の頃には寒さのなかにも陽の光に力強さを感じるようになります。この頃からようやく、浅草の旦那衆にとって新年会シーズンとなります。四四の町会のほか、いくつもの商店街、連盟や組合など各種団体がたくさんあるので、連日の新年会が続きます。

私が子どもの頃は、祖母が店の奥の帳場にデーンと構え、仕入れや接客、従業員に指図しながら商売を取り仕切っていた一方、祖父はいつも背広を着てネクタイを締め、どこかへ出かけていました。町会長を何年もやっていましたし、履物組合の理事や祭の総代など、いろいろなお役目での会合があったのでしょう。高度成長期、浅草の商店はどこもそんなふうだったと思います。

今はホテルの宴会場などを使うことが増えましたが、祖父の時代は旦那衆の会合といえば料亭などのお座敷でした。

浅草寺の北側一帯を「観音裏」といい、芸者さんの事務所である見番《けんばん》を中心に料亭や待合などが集まる浅草の花街があります。小学生の頃、友だちとあそんでいるうちにあたりが薄暗くなると、路地の小料理屋のおかみさんが暖簾を出し始め、料亭の玄関に灯りがともり、どこからか三味線の音が聴こえてくる、そんな界隈でした。そういえば小学校の同級生に、お父さんが人力車を引いている子がいました。今のような観光客を乗せるのではなく、芸者さんをお座敷まで送る人力車です。料亭などはだいぶ減りましたが、それでも街の盛り場とは違う風情があります。

昔の旦那衆は小唄や三味線を習う人が多かったようです。お向かいの和装小物屋さんの二階にはかつて春日流の小唄のお稽古場があり、近所の旦那衆が習っていたと聞きました。花街がある町には、日本の伝統文化が自然と根付いているのではないでしょうか。舞踊や邦楽、日本料理、芸者さんの着物や鬘など、お座敷文化はあらゆるものに通じていると思います。「蔦屋袋物店」のおかみさんが「私たちのような伝統工芸の仕事がなくなっていくのは、花街が衰退してしまったから」とおっしゃっていました。お座敷あそびをすることで小唄や三味線、踊りに興味をもちお稽古に通う人も増えて、着物を着る機会ができて、草履や扇子、簪、提げ袋なども必要になる。この本に登場するお店はみんな関係があるともいえます。時代の流れとはいえ、浅草をはじめ各地の花街にもっと元気になってもらいたいと心から思います。

節分の時期、花街では「お化け」という催しがあります。普段とは異なる装いをすることで禍をやり過ごすといわれ、芸者衆が工夫を凝らした衣装や出し物でお客さまを喜ばせます。芸者さんたちはうちのお客さまでもあり、毎年「節分お化け」には妹が伺って皆さんのユニークな姿を撮影してきます。今年は、狂言の「三番叟」、パンダの着ぐるみ、警察官のコスプレ、演歌歌手の真似など。日頃美しい芸者さんたちが弾けている様子は、こちらまで嬉しくなってしまいます。

三月　浅草寺本尊示現会

三月は浅草にとって大切な祭事、浅草寺のご本尊である観音さまがお姿をあらわされたことを祝う「浅草寺本尊示現会」が行われます。「浅草寺縁起」によれば、推古天皇三六（六二八）年三月一八日の早朝、漁師の檜前浜成《ひのくまはまなり》・竹成《たけなり》兄弟が、宮戸川（現在の隅田川）で投網にかかった観音像を見つけました。現存する浅草寺の秘仏、聖観世音菩薩です。

兄弟が土地の郷司・土師中知《はじのなかとも》に相談したところ、これを聖観世音菩薩の尊像であるとして、従者とともに槐《えんじゅ》の木の切り株に尊像を安置しました。これが浅草寺の始まりです。兄弟と郷司の三人を権現として祀ったのが浅草神社で、「三社さま」とも呼ばれる由縁です。浅草神社の紋章は三人の象徴でもある三つの網であらわされています。

「浅草寺本尊示現会」は三体の御祭神である宮神輿（一之宮＝土師中知・二之宮＝檜前浜成・三之宮＝檜前竹成）が、浅草寺本堂で観音さまと対面され、ご本尊が最初に上陸された駒形堂へお参りされる、という意味があり、いわば浅草のお誕生日でもあります。

一七日の夕刻、日が暮れてすっかり暗くなり、仲見世の商店がシャッターを下ろした頃、浅草神社で執り行われる祭儀が終わると、火の灯った各町会の高張提灯が神社の境内からずらりと並んで鳥居をくぐり、浅草寺へ向かいます。その後、氏子衆に担がれた宮神輿三基が静かにゆっくりと進み、本堂の前に並びます。三社祭のような威勢のよい掛け声は一切ない静寂のなか、提灯の灯りに照らし出された宮神輿は荘厳な姿です。そして一基ずつ、本堂の階段を担ぎ上げられ、浅草寺本堂外陣へ入ります。これが「堂上げ」です。本堂外陣に安置された一之宮・二之宮・三之宮は、浅草寺の僧侶たちによる読経の後、ご本尊の御前で一晩お泊まりします。

翌一八日の朝、宮司の祝詞奏上後、三基は本堂より「堂下げ」されます。そして二天門より江戸通りを経て駒形堂まで「古式三社祭巡行」を行います。参拝の後、雷門、仲見世を通って再び浅草寺境内に安置され、浅草神社へ還御されます。

隅田川からご示現された観音さま。ご本尊を拾い、祀った人々をも信仰の対象にするというのは、全国的にも珍しい成り立ちだということです。そこに原点があるというのも庶民の街である浅草らしい物語だと思います。

示現会が終わると、まだ二か月も先なのに「もうすぐお祭りだね」という声が聞こえてきます。青年部の若い衆が直会《なおらい》に履く雪駄や下駄を買いに来るのもそろそろです。地元で人気があるのは「坪下がり」。鼻緒が通常よりも後方に付いていて、つま先がかなり長く、踵がずいぶん外にはみ出る雪駄です。鳶の頭が履く雪駄を模してつくっていて、履きよさや歩きやすさというより、見た目の格好よさを重視している特殊なもの。これを粋とする感覚は、浅草という地域限定の美意識かもしれません。

四月　墨堤の桜

東武浅草駅からすぐの隅田川沿いには両岸で約一〇〇〇本もの桜が植えられており、桜の時期には大勢の花見客で賑わいます。

八代将軍吉宗が土手を踏み固めさせる治水の目的で、墨堤に桜並木一〇〇本の植樹を命じたのに始まり、その後は地元の有志が発起人となった「桜勧進」と呼ばれる寄付で、桜並木が徐々に延びていった歴史があります。『江戸名所花暦』には「江戸第一の花の名所」と称され、明治以降も数多くの文人墨客が訪れています。

桜の開花は予測が難しく、お花見の予定を決めるのは難しいものです。若い頃は仲間を呼んで宴会をすることもありましたが、最近は仕事帰りに夜桜を眺めながら、缶ビールを飲むくらいで満足しています。少し明るさを残す空にスカイツリーが青や紫の光を放ち、提灯の明りに浮かび上がる桜、隅田川に架かる橋のライトアップ、そして花見舟から聞こえてくる陽気な宴のざわめき。

かつては物流や交通の役目を果たし、人々の暮らしに深く関わっていた隅田川ですが、私が子どもの頃は環境汚染が甚だしく、強烈な異臭を放っていました。現在は桜の時期に限らず四季折々の花が咲き、「隅田川テラス」として整備されて浅草橋まで歩けるようになっています。水辺が見直され、浅草の新しい顔が知られてきたのは嬉しいことです。

浅草の向こう岸、向島は見番や料亭が並ぶ花街があり、商業地の浅草とはまた違った風情があります。江戸時代頃までは田園風景のなかに料亭や大名の別荘などが点在し、行楽の人々がゆきかう風光明媚の地でした。歌舞伎、浮世絵、落語などの舞台にも度々登場します。見番通りにある三囲《みめぐり》神社は、鳥居を三基組み合わせた三柱鳥居《みはしらとりい》があり、「桜姫東文章」「法界坊」などの舞台背景にも描かれているので、歌舞伎好きのかたはご存知かと思います。

このあたりには錺《かざり》簪《かんざし》、市松人形、押し絵羽子板、江戸切子など伝統工芸の職人も多く住んでいて、浅草にある専門店とも深く関わりがあります。平成中村座が浅草で上演される際、いろいろな職人が実演販売をする五軒長屋が併設されるのですが、私も向島の職人さんたちとご一緒させていただいたことが何度かあります。ものづくりの伝統があることから、最近は若い職人やアーティストも増えてきているようです。

私は現在、向島に部屋を借りているので毎朝、浅草まで歩いて通っています。桜橋を渡りながら眺める隅田川は、子どもの頃から見慣れた浅草でいちばん好きな風景のひとつでもあります。

当然、着物に下駄を履いての徒歩通勤。下駄は歯のある駒下駄などではなく、底裏にゴムの付いた右近下駄もしくは舟形下駄です。桐下駄は軽いので、長く歩くには草履よりよほど快適。底裏に貼ってあるゴムに砂利がめり込むことがありますが、補強にもなるので取らないでそのままにしておくのがおすすめです。

五月　三社祭

浅草は祭事を中心に一年がまわっています。そのなかでも、ハイライトが三社祭。町会という単位でものごとが進められるこの町では、幼い頃より町会の先輩方からお祭りを通じて礼儀作法や伝統を学び、仲間たちと協力し合い結束を固めます。商売の家はもちろん、普段は会社勤めの人も一年に一度、三社祭で顔を合わせ、神輿を担ぎ、役員さんやおかみさんたちと挨拶をかわします。私自身、夫の転勤で東京を離れているあいだも、三社祭には必ず浅草に帰ってきたものです。

実家のアルバムにはお祭りの写真がいちばん多くて、家族の歴史は毎年の三社祭とともに積み重ねられてきました。浅草で生まれ育ち、お隣同士で結婚して、この街から出たことがない両親は、お祭りの写真ではとりわけ嬉しそうで、ふたりともいちばん顔が輝いています。

三社祭の五月一八日が誕生日だった母は、三社さまに「久良子《くらこ》」という名前を付けていただいたとか。控えめでいつもにこにこと人の話を聞いている母でしたが、「一度お神輿を担いでみたかった」と言っておりました。

私が子どもの頃は、女性は大人になると神輿を担ぎませんでした。高校生になった頃には、今のように女性も担ぐようになっていたので私も夢中になって担いでいましたが、祖父から「嫁にいったら担ぐな」と言われていたので、ヨチヨチ歩きの頃から担いでいた神輿は結婚後、きっぱり卒業しました。

それでも祭囃子が聞こえてくるとワクワクするし、神輿を見るとじっとしていられず追いかけてしまいます。今は担がなくなった代わりに町内神輿に付いて練り歩き、たまに神輿を先導する御幣《おんべ》棒を持たせてもらいます。最終日、氏子四四か町を渡御する本社神輿が町内に近づいて来ると、今でも心臓が高鳴ります。

神輿を担ぐ人の装束は、鯉口シャツに腹掛けと股引き、そして町会の袢纏。頭には手ぬぐいを細くねじった鉢巻。でもこのスタイルは比較的近年の流行で、鯔背《いなせ》な鳶の格好を真似たもの。昔の写真を見ると、男の人たちは晒を巻いて白いダボと半股引《はんだこ》という姿です。各町会にはそれぞれお揃いの袢纏があり、袢纏を着ていないと神輿には入れません。役員さんたちはお揃いの着物でカンカン帽。大御所の方々が神酒所に集まって談笑していたり、おかみさんたちがキビキビと子ども神輿のお世話をしている様子も三社祭ならではの一コマです。

私は髪を美容院でアップスタイルにしてもらい、母が着ていたお揃いの着物に浅草寺伝法院のお庭を描いた染め帯を締めます。一年でいちばん気合が入る三日間です。

三基の宮神輿が浅草神社に宮入りし、各氏子町の神輿も納まると「あぁ今年もお祭りが終わってしまった。来年まであと三六五日だね」と冗談を言いながら、充実感もあり寂しさもあるなんともいえない気持ち。浅草の人たちなら共感できると思います。

六月　お富士さんの植木市

地元で「お富士さん」と呼ばれる浅草富士浅間神社は元禄年間に創建され、浅草寺子院の修善寺が管理していましたが、明治維新後は浅草神社の管轄となっています。

お富士さんの例祭日は、富士山の山開きである七月一日で、五月と六月の最終土曜日と日曜日の四日間は縁日で植木市が行われます。

ちょうど入梅の時期にあたり、植木を移植するのに向くため、お富士さんの植木市で買った木はよくつくということで次第に盛んになっていったそうです。

私の通っていた小学校は、その名も富士小学校。浅間神社の真向かいにあり、植木市が始まると通学路やあそび場が植木屋の露店で埋め尽くされ、いつも見慣れた街がまるで森のようになって、とてもワクワクしたものでした。

夕食後に家族で浴衣を着て散歩しながら、草花が好きだった母はちょうど見ごろの紫陽花の鉢をあれこれ物色し、私と妹は屋台で売っているおもちゃや色の着いたヒヨコ、飴細工のおじさんの技に見惚れていました。この界隈は花柳界もあるので、父の馴染みのスナックやバーからママがひょいと顔を出して、「あとで飲みにいらっしゃいよ」と挨拶があったり。

東京下町では五月半ばの三社祭から浴衣を着てもよいという暗黙の了解がありますが、一般的には六月といえば衣替え。袷から単衣になります。

着物のルールでは基本的には十月から五月末まで袷、六月は単衣、七月と八月は薄物、九月は単衣となっています。フォーマルな場ではこのルールを守ることをよしとされますが、フォーマル以外の場ではその日の気温や天候に合わせて臨機応変に対応するのが最近の傾向です。

地球温暖化現象の影響で、五月中でも夏日になることが多く、ルールに合わせていたら熱中症になりかねませんから、無理せず単衣に替えてもよいと思います。ただし帯を絽や紗、麻などの素材に替えるのは六月以降に。袷の帯では重いですし、そんなときには博多織の芯のない八寸帯が重宝します。

外から見えない肌着や長襦袢で温度調整するのも涼しく着る知恵のひとつ。肌襦袢はクレープ地の夏用に、長襦袢はフォーマルでなければ麻が快適です。

履物は帯が紗、絽など夏物になるタイミングで、夏物の出番となります。夏の履物といえば、パナマやラフィア、シザールなど植物を原料とした見た目だけでなく足裏の感触も涼やかな素材の草履があります。鼻緒も小千谷縮や夏塩沢、羅織《らおり》など涼感のある素材で演出します。

男性用には「籐表」といううめずらしい雪駄も。家具やインテリアに使われる籐=ラタンを雪駄の形に編み上げてあります。特殊な編み方ですので、つくれる職人も少なく、したがって少々値は張りますが、それだけに価値あるものです。

七月

四万六千日（ほおずき市）

「ほおずき市」で知られる七月九日、十日は、「四万六千日《しまんろくせんにち》」といって、この日に観音さまにお参りすれば四万六千日分の功徳が授かるという、なんともおトクな日です。もともとは雷除けの赤とうもろこしが売られていましたが、芝の愛宕山で観音功徳日にほおずきが売られていたのにならい、ほおずき市が立つようになったとか。この二日間、浅草寺では終日ご祈祷が行われ、この日だけの黄色の祈祷札、雷除けのお守りが参拝者に授けられます。

落語好きが思い浮かぶのは、「四万六千日、お暑いさかりでございます」という八代目桂文楽の名調子。道楽息子の徳さんが船頭になって大騒動を起こす話、「船徳」です。旧暦では今の暦より約一か月先ですから、ちょうど梅雨明けのまさに「暑いさかり」となるわけです。

現在はまだ蒸し蒸しとした梅雨空。夕方、浴衣に下駄をつっかけて団扇でパタパタあおぎながら、境内に軒を連ねるほおずきの露店をひやかすのは、なかなか風情があります。裸電球の灯りの下、ほおずきの実のだいだい色と葉の緑。威勢のよい売り声のなか、さっと涼しい風が吹けば、ほおずきの鉢に飾られた風鈴がチリリンと鳴り、ほっとした心地になるものです。

着物好きのあいだで、ときどき話題になるのが「浴衣の時期はいつからいつまで？」「浴衣はどこまで着て行けるの？」などの問題。

日本列島は南北に長く、地域によって気温も違えば文化や慣習も異なるので、正解はないのかもしれません。ただ私自身は一応ルールを決めていて、店で浴衣を着て働くのは七月と八月の二か月間ということにしています。

着物初心者には、着物のなかでもっともカジュアルな浴衣ははじめの一歩に向いていると思います。浴衣はあそび着ですので自由に楽しめばよいのですが、ポイントは「涼しげであること」「だらしなく見えないこと」。

たとえば衿の合わせ加減や、衣紋の抜き加減はあまり詰めすぎると暑そうにみえるし、ゆったりしすぎるとだらしなくなります。またヘアスタイルは清潔感を心がけましょう。年齢が上になるほど気をつけたい点です。

足元はもちろん下駄。よそゆき浴衣で足袋を履くときも、やっぱり下駄が似合います。下駄の選びかたに決まりはありません。昔ながらの歯のある駒下駄やのめり下駄、裏にゴムが貼ってある右近下駄、草履型の舟形下駄など形もいろいろ、鼻緒も多種多様で組合せは自由です。

私は「鼻緒選びでちょっと外す」のが好み。洋服のように浴衣や帯の色から一色をとるのではなく、あえて違う色をもってきたり派手目な柄で遊んでみる。せっかく開放的な夏ですし、自由に楽しめる浴衣なのですから、下駄でちょっと冒険してみてはいかがでしょうか。

八月　浴衣の着こなし

日本全国で花火大会が催される八月。浅草では七月の最終土曜日に「隅田川花火大会」が開催され、毎年一〇〇万人もの見物客が訪れます。

享保一八（一七三三）年、八代将軍吉宗が飢饉や疫病の流行によって亡くなった人々の慰霊と悪霊退散を祈り、二〇発の大花火が打ち上げられた「両国川開き」がその始まり。建物が密集している地域なので打ち上げられる花火は小さめですが、打ち上げ数の多さは東京随一、二万発。クライマックスには五分間で二〇〇〇発上げるというスピード感と派手な演出が下町らしい花火大会です。

お盆の時期には「隅田川とうろう流し」があります。夕刻、灯りが点けられたとうろうが次々と川面に浮かび、あたりは次第に日が暮れて暗くなります。空に星がまたたき始めると、隅田川の水面をとうろうの光の筋がいくつも流れてゆき、それは幻想的な夏の夜の光景です。

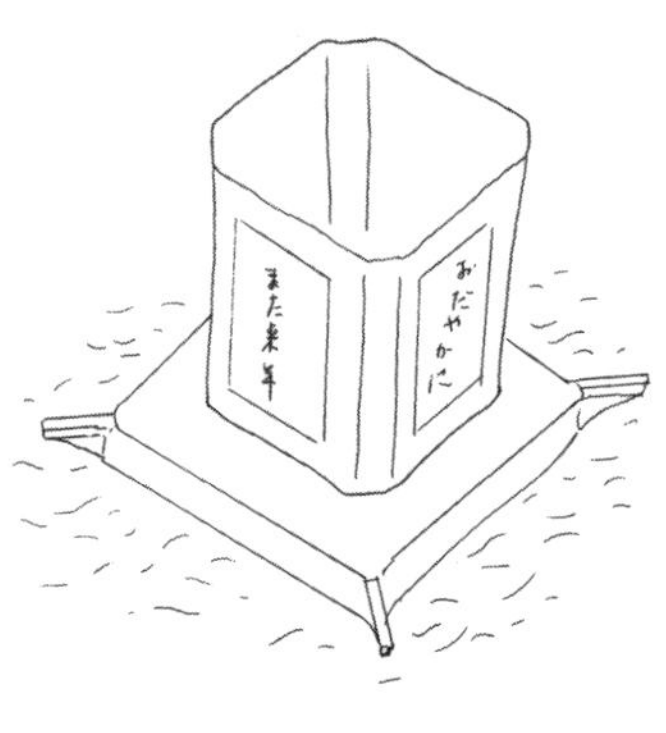

夏のイベントに浴衣という図式は、もはや若い年齢層にも浸透しています。今はネットでも買えますし、デパートの浴衣売り場には色鮮やかな浴衣、アイロンの要らない化繊の浴衣も多々並びます。浴衣は洋服感覚で買うようになってきているのかもしれません。

浅草の男性たちは若い頃から浴衣の着こなしがさまになっています。角帯はおへその下のあたりで少し前下がりに締め、雪駄はちゃんと踵を出してつっかけて履く。三社祭などで大御所たちの様子を見ていて、どうやったら格好よいかが自然に身についているのでしょう。

女の人たちの浴衣の着こなしで、ひときわ素敵なのが「あやめ連」のおねえさまがた。浅草の祭礼行事や歌舞伎役者の襲名披露のお練りなどに付くお囃子の会です。毎年三社祭ではお揃いの浴衣姿にいつも見とれてしまいます。首のまわりから肩、胸にかけて大きな柄を配した首抜き模様の浴衣に、きりっと博多帯を締め、祭囃子を奏でる姿はこれぞ江戸の粋という格好よさ。

浴衣は二色から三色に色数をおさえたほうが、すっきりした大人のコーディネートになるように思います。多色づかいのデザインはややもすると子どもっぽくなりがち。浅草の街にはこの数年レンタル着物の店がどんどん増え、観光客の皆さんがカラフルな浴衣を着て人力車に乗っている様子が街中で見られます。だからこそ伝統的な藍と白の浴衣など、清々しい装いが目を惹きます。

また生地が薄手の浴衣こそ、自分サイズに仕立てたほうが着付けがラクだし、着姿がきれいなのはいうまでもありません。私は仕事着ゆえある程度数が必要なので仕立て上がりの浴衣も持っていますが、仕立ててもらった浴衣のほうがだんぜん着心地がよいです。この本に登場する良心的な呉服屋さんでしたら、デパートで仕立て上がりを買うのと変わらないお値段で、自分の体に合った浴衣をつくることができます。下駄も浴衣も自分に合わせてつくれるところが和装の優れた点ですね。

九月　普段着の浅草

「浅草」といっても、どこからどこまでなのでしょうか。地元の友人は「弁天山の鐘の音が聞こえる範囲だよ」と言いますが…。

浅草に観光で来るかたの多くは雷門から仲見世を通り、浅草寺でお参りして、お昼ごはんを食べて、お土産を買っておしまいというコースだと思います。最近は公園本通り、通称「ホッピー通り」で昼間からビールジョッキを傾ける観光客や、レンタル着物で人力車に乗る人たちも目にします。でも中心部からちょっと離れた場所にも見どころがあり、通り一遍の観光コース以外にも楽しみかたはいろいろあるのが浅草の奥深いところ。

たとえば浅草の北部（千束、竜泉、浅草六丁目、七丁目）は歴史や古典文学、歌舞伎が好きな人はきっと興味をそそられる地域です。お西さまで賑わう鷲《おおとり》神社、かつて吉原遊郭があった界隈には吉原神社、樋口一葉記念館。江戸時代の景勝地だった待乳山聖天は浮世絵にも多く登場します。また江戸時代の芝居町だった猿若町には、今も歌舞伎など舞台の小道具を提供する「藤浪小道具」があります。昭和のたたずまいの食堂や大衆酒場、割烹着のおかみさんが迎えてくれる小料理屋など、安くて気取らない飲食店が多いのもこの地域。

南方面（寿、蔵前、元浅草）に行くと、江戸時代は幕府の米蔵があった蔵前地区。古くから職人の町であり、「バンダイ」や「エポック」などのおもちゃメーカーもある地域です。この数年、古い倉庫や工場跡をリノベーションしてアーティストたちがアトリエとして使ったり、ゲストハウス、カフェなどが次々とあらわれ注目を集めています。「モノマチ」など新しいイベントも行われ、昔ながらの職人と気鋭のクリエイターが一緒に活動しているのも興味深いところです。最近は隠れ家的なビストロなど、レベルの高いレストランが増えてます。

上野方面に向かう浅草の西側地域（西浅草、松ケ谷）はお寺が多い地域です。そして外国人観光客にも大人気の合羽橋道具街があります。寺町で静かな環境ということもあるのか、マンションがどんどん建てられ新しい住民が増えていて、気の利いた居酒屋、こじんまりした居心地のいいバーなどが次々オープンしています。門前町の浅草は夜が早いといわれますが、それは中心部のこと。ちょっと離れれば、観光エリアで働く人たちが仕事の疲れを癒すためにお酒を飲むようなお店が数々あるのです。

また昔ながらの喫茶店がまだまだ元気なのも浅草の特徴です。小さな商店には応接間などないので、世間話や打ち合わせは喫茶店でということになります。モーニングのコーヒーを飲みながら情報交換するのが日課というのが浅草の旦那衆。ある有名な飲食店の主が「ゴルフのコンペがあると、翌日の昼には自分のスコアが浅草中に知れ渡っている」と冗談を言っていましたが、良かれ悪かれ噂話が広まるのも早いのが浅草です。

十月　神社の結婚式

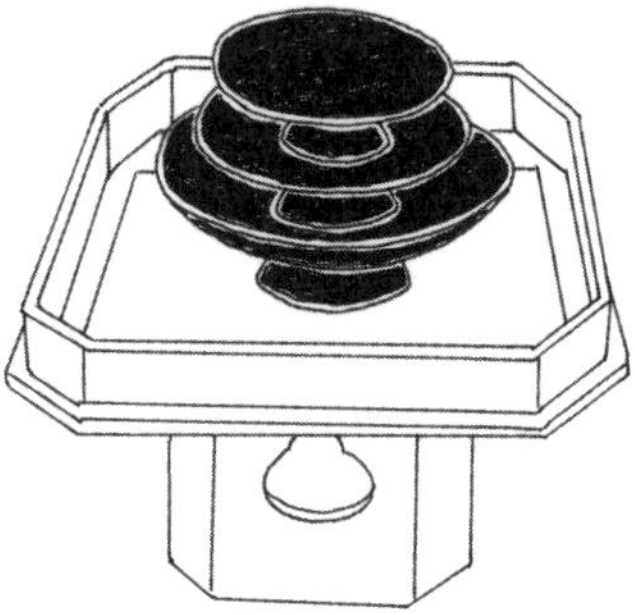

青木玉の随筆『幸田文の箪笥の引き出し』には、娘の婚礼衣装を選ぶ「赤姫」という話が出てきます。費用をどれくらいかけるか、式が終わった後にどう用立てるか、金屏風の前でどんな色が顔映りがよいかなど検討を重ねた末、幸田文が選んだのは深紅の羽二重に白い花を描いた振袖でした。はたしてライトと赤い着物の照り返しの効果で、母のねらい通り美しい花嫁になります。

私の婚礼衣裳は白無垢に文金高島田、角隠し。白無垢は貸衣装でしたが、披露宴では母の赤い総絞りの着物を着ました。着付けのかたに「これほどの素晴らしい総絞りはなかなか見ない」と褒められて母が喜んでいたのを覚えています。

母親が娘の花嫁姿を見る誇らしい気持ちは、いつの時代でも変わらないものなのでしょう。

うちは夫が熊本出身で都内にご縁のある神社がありませんでしたので、私の実家が代々氏子である浅草神社で挙式しました。

結婚式を神社で挙げるようになった歴史は意外と浅く、明治三三（一九〇〇）年、皇太子であった大正天皇と九条節子姫（貞明皇后）のご婚儀が新聞で紹介されたのがきっかけで、一般の人々に普及するようになったとか。それまでは自宅に親戚縁者を招いてお披露目する祝言を挙げるのが普通でした。

高度成長期からバブル期にはホテルや結婚式場で、式と披露宴を一緒に行うことが増えましたが、近ごろでは神社で挙げる結婚式に人気が復活しているようです。

最近の浅草神社は地元のみならず遠方からわざわざ式を挙げに来るかたが少なくないそうで、外国人カップルも増えているとか。日本人がハワイのチャペルで結婚式を挙げるのと同じように、日本の伝統文化が好きな外国人が神社で挙式をするというのは、面白いなぁと思います。

浅草神社の社殿は徳川三代将軍家光公により建立寄進されたものです。関東大震災や東京大空襲などでも被害を免れ、三五〇年経った今もそのままの姿で残り、昭和二六（一九五一）年に国の重要文化財に指定されています。そんな歴史ある社殿で結婚式を挙げるのは、地元の出身者でなくとも特別な思い出になることと思います。

婚礼だけでなく日本人が大切にしてきたお祝い事には、神仏への祈りが根底にあると思います。七五三や成人式は、今や写真撮影のためといった風潮になっているようですが、本来は子どもが健やかに育ってほしいという祈り、そして無事に育って成人を迎えた感謝を神仏に捧げる儀式のはずです。

浅草の人たちが老いも若きも、特別な日以外でも観音さまや三社さまに手を合わせる習慣があるのは、見えないけれど自分たちを守ってくれる大きな存在があることを常に感じているからのように思います。

十一月　酉の市

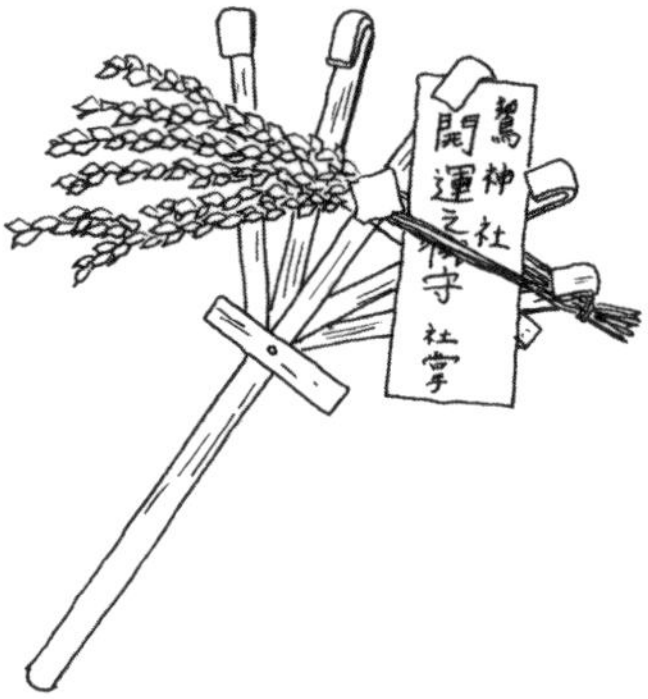

お酉さまといえば思い出すのが子どもの頃、鷲《おおとり》神社の参拝の列に並んでいるとき、妹が着ていたダッフルコートのフードにお賽銭の十円玉が何枚も入っていて、家族で大笑いしたこと。

祖父の時代は、店の二階にあった神棚には大きな熊手が飾られていました。毎年、熊手を替えに行くのは父の役目で、母と私たち姉妹も人の波にもまれながら付いていきました。あちこちから上がる威勢のいい手締めの音と歓声がシンシンと冷える夜空に響く喧噪。その頃のお酉さまは、今より寒かったように記憶します。

うちの番頭の野村さんの話では、お酉さまの日は店を閉めてから、祖父が店の職人たちを連れてお参りに行き、帰りに「米久」ですき焼きを食べるのが恒例だったそうです。当時は閉店時間が十時頃だったのですから、飲食店もずいぶん夜中まで開けていたのでしょうね。

祖父の跡を継いだ叔父はそういうことに興味がない人だったので、しばらく店には熊手がなかったのですが、七年前から私と妹が復活させて、鷲神社に提灯も奉納させていただくようになりました。熊手は「よし田」さんにお願いしています。一番小さな熊手から始め、一昨年から少しだけ大きくしました。

「福をかき込む」という意味がある熊手は、おかめや招福の縁起物で飾られ、店によってデザインが違うので、境内に軒を連ねる店を見比べるのも楽しいものです。「よし田」が実家である江戸文字書家の橘右之吉師匠によれば、酉の前日は「申《さる》」で「お客が去る」。酉の日の翌日は「戌《いぬ》」となり、「客が居ぬ」につながる。そういうわけで、私と妹は午前零時に打ち鳴らされる「一番太鼓」が鳴り出すと同時に熊手を買い求め、「家内安全、商売繁盛！　よぉーっ」という掛け声で手締めをしてもらい、一年間なんとか商売できたとホッとするとともに、また頑張ろうと気が引き締まります。

浅草の酉の市は浅草寺から二〇分ほど北へ歩いたあたりに位置し、鷲神社と酉の寺・長國寺が隣り合って市を開きます。その昔は吉原の遊郭が隣接していました。このあたりに暮らしていた樋口一葉の『たけくらべ』には、当時の賑やかな様子が描かれています。

「此年三の酉まで有りて中一日は津ぶれしかど前後の上天気に鷲神社の賑わひすさまじく、此処をかこつけに検査場の門より入り乱れ入る若人達の勢ひとては天柱くだけ地維かくるかと思はる笑ひ声のどよめき……」

吉原では出入り口は通常、鷲神社とは反対側の大門に限られていましたが、酉の市に限り西側の門を開いたそうです。当時の面影はほとんどありませんが、風俗の店がひしめく千束通りの北西側に子どもだった私はめったに足を踏み入れることはなく、お酉さまの縁日の先に見えるネオンにドキドキしたものです。

十二月

歳の市（羽子板市）

浅草の歳の市は一七、一八、一九日に浅草寺の境内で開かれます。毎月一八日は観音さまの御縁日ですが、師走は「納めの観音」とも呼び、江戸時代は大変な賑わいだったようで、その様子は浮世絵にも描かれています。当時は注連《しめ》飾りや神棚、凧などの正月用品のほか、海老や鯛、昆布、鉢植えの南天などの縁起物が売られていました。

羽子板も縁起物のひとつ。女の子が生まれた家に羽子板を贈る風習が盛んになり、また歌舞伎役者を描いた押し絵羽子板が登場すると、人々は贔屓役者の羽子板を競って買い求めました。こうして歳の市は羽子板市とも呼ばれるようになり、浅草寺の境内には今も数十軒の羽子板を売る露店が並びます。店によって押し絵の顔はいろいろなので、見て歩くのも楽しいものです。

昔の日本人は新年を迎えるための気構えが今よりずっと特別で、大切にしていたのだなぁと思います。江戸時代まで遡らずとも昭和四〇（一九六五）年頃までは、浅草の商店は暮れが一年で

いちばん忙しかったそうです。

うちの店も、その頃の日本人は下駄を日常的に履いていたので、新年に向けて新しい履物を新調するお客さまが引きも切らず、店内は身動きとれないほどいっぱいで、商品や代金を手から手へバトンのように渡したのだとか…。

職人総出で夜中まで鼻緒を挿げ続け、元旦の明け方にいったん店を閉めて、従業員と家族みんなで銭湯に行き、ひと眠りしてから昼過ぎにまた店を開けたのだと、番頭の野村さんから聞きました。高度成長期の日本人はよく働いたのだなぁと思います。

また集団就職で東京に出て来て住み込みで働いていた人たちが浅草にもたくさんいたため、お正月に田舎に帰るときには、新しい下駄を持たせてやろうと、商店のおかみさんたちが割烹着のポケットをふくらませて従業員の下駄を買いに来たそうです。

平成二八（二〇一六）年の暮れから、辻屋本店では「はきもの供養」を始めました。うちには一年を通じて履物の修理が持ち込まれますが、なかには劣化がひどくて修理不可能なものもあります。でも身内が愛用していた履物は捨てるに捨てられない、という声も少なくないため、不要になった草履や下駄を店で募集し、浅草神社でまとめてお祓いしていただこうと考えたのです。

どんなものも使い捨てにするのではなく、感謝の気持ちを持ってほしいと、浅草神社にもご賛同いただけました。参加者も年々増え、亡くなったお母さんの思い出のある草履を「どうしても捨てられなかったので、供養ができて本当にありがたいです」と涙をこぼして感謝してくださるかたもいらっしゃいました。

履物は浅草の地場産業でもあります。「はきもの供養」が地元のためにもなり、多くの人々に喜んでもらえる年中行事として長く続けていければと思います。

おすすめの和装専門店

足袋処　めうがや

慶応三（一八六七）年創業、足袋の専門店。「めうがや」と書いて「みょうがや」と読みます。既製品の足袋は指が当たって痛い、幅が合わなくてきつい、反対に緩すぎてシワになるなど、足袋に悩んでいるかた

江戸金銀工芸　もり銀

本社の「森銀器製作所」は上野で九〇年、銀製品の食器や装身具をつくり続けています。現在、伝統工芸士を含む八名の職人さんがその職人技を受け継いでいるとのこと。店主の森将《もりまさる》さんは銀製品をもっと暮らしのなかで使って欲しいという思いから浅草にアンテナショップとして「江戸銀工芸　もり銀」をオープンしました。

「重さも銀のうち。銀製品のずっしりした重みも感じていただきたいです。とくに酒器は冷たい飲み物がぬるくならないので、ビールや冷酒などがおいしく飲めると好評です」と森さん。

店内には仏具や置物、食器、酒器、アクセサリーなど多種多様な銀製品が並んでいますが、浅草公会堂の隣にあるので和装のお客さまも多く、帯留や根付も人気があります。柄は蜻蛉や猫、ブドウ、桜などのほか、邦楽や日本舞踊をされているかたには、

はこちらで相談してみることをおすすめします。

「めうがや」では、まず足の大きさ、幅、足首まわりを測ってもらい、自分に合った正しいサイズと型の足袋を選ぶことができます。サイズは二一センチから三〇センチのあいだで〇・五センチ刻み。さらに同じサイズのなかに「細型」「先細型」「中細型」「甲高型」「〆太型」「四ツ長型」と幅や足の形状によって型がわかれています。ちょうどよい足袋のサイズは靴のサイズとは違うこともあるので、やはりプロに選んでもらうのが確実です。

素材は足袋専用に織っているキャラコという綿生地。女性は白足袋が基本ですが、男性は紺が定番。最近は茶やグレーも人気があるそうです。鳶の頭連中は股引に紺のキャラコで七枚小鉤《こはぜ》の深い足袋を履きますが、紺のキャラコは洗うと色が変わったり鼻緒擦れするため、一度履いたら履き捨てなんだとか。江戸っ子の心意気ですね。

私たちはそんな贅沢はせずに、ネットに入れて洗濯機で洗えば大丈夫。底の落ちにくい汚れは古い歯ブラシで洗うとよいそうです。干す際にシワを伸ばすのがコツ。

キャラコの足袋は一年中履けますが、冬には暖かい別珍足袋があり、私も愛用しています。夏の暑い時期には半足袋も人気。浴衣を着たとき、素足だと失礼になる場所などでは半足袋が重宝です。

店主の上田《うえだ》進《すすむ》さんは「朝起きて自分の足にピッタリの足袋を履き、小鉤を一枚一枚はめていくとシャキッとした気分になります」とおっしゃいます。仕事着の作務衣を脱いで洋服に着替えても足元は足袋でないと落ち着かないのだとか。

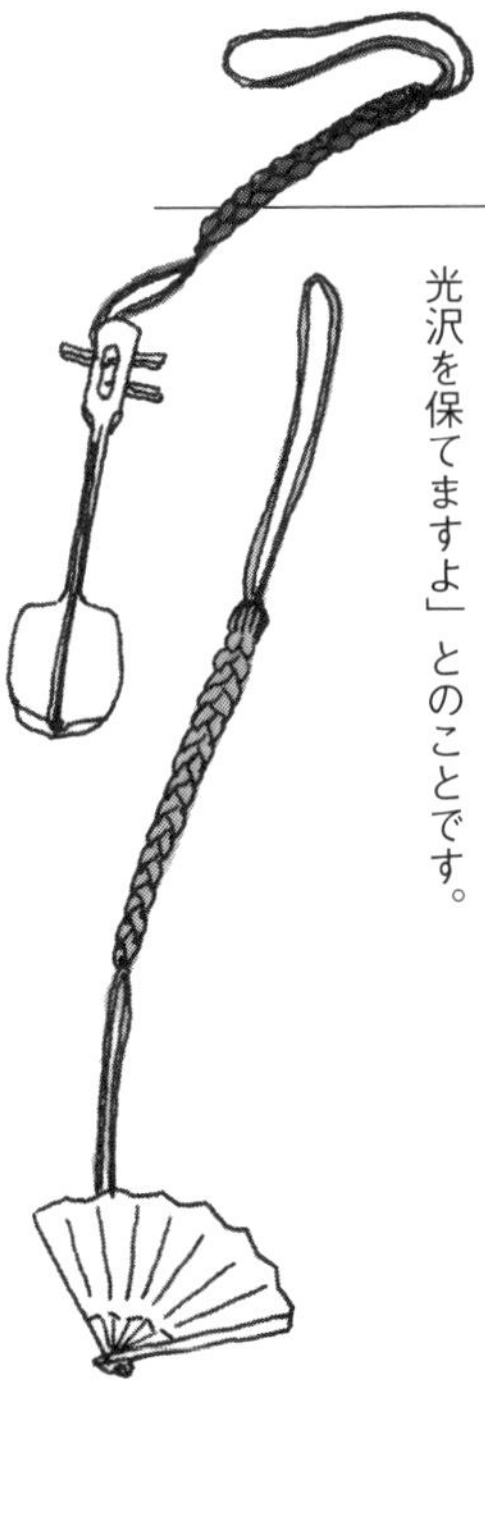

三味線のバチや流派の紋をかたどったデザインが好まれるそうです。着物は洋服ほどアクセサリーを付けませんが、帯まわりに少しだけあそび心をプラスすると装いがより楽しくなります。

浅草らしい商品といえば純銀製の千社札。江戸文字で自分の名前をつくってもらえます。バッグや携帯電話に付けるのにちょうどいい大きさです。

また、おすすめはピンブローチタイプの眼鏡掛けホルダー。ジャケットなどの衿元にとめて、眼鏡を引っ掛けるようなデザインになっています。

銀製品のお手入れについてアドバイス。変色した場合は、ぬるま湯に浸したやわらかな布に重曹をつけて変色面を軽く磨き、水で重曹を洗い流した後、乾いたやわらかな布で拭いておきます。「いつも使っていただきお手入れしていれば、いつまでも美しい光沢を保てますよ」とのことです。

箱長

「桐《きり》木目込《きめこ》み細工」は桐箱や桐箪笥に着物地を木目込んで柄を施す「箱長」のオリジナル技法です。

鈴や瓢箪、蜻蛉など縁起物の図案を彫刻刀で筋彫りし、そこに和紙で裏打ちした色とりどりの正絹の着物裂の端を木のヘラを使って押し込み、柄を入れていきます。時代仕上げという焼き加工した桐に、正絹のぬくもりと華やかさが調和して独特の雰囲気が生まれます。

着物や帯と同じく、絹でつくられた小物は桐素材の箱や引き出しに保管するのがいちばん適していると思いますが、見た目も可愛ければインテリアにもなり一石二鳥。私は蝶々柄の木目込みで彩られた五段の小引き出しに、帯揚げや帯締め、髪飾り類を収納しています。

店内には小さなアクセサリーケースから箪笥まで、多種多様な桐製品が並んでいて、なかでも乙女心をくすぐるのは姫鏡台とお針箱。メイクをしたり、半衿を付けたりするのは日常的な作業なので、お気に入りを持っているとそれだけで楽しくなります。

木目込みに使う布地を持ち込むこともできます。「箱長」では売れ筋商品である仏壇の木目込み細工に、故人の着ていた着物の生地を持って来られることもあるそうです。

明治七（一八七四）年創業の老舗。「桐製品なら何でもつくれます」と店主の宮田《みやた》健司《けんじ》さん。ワインラックやお札立て、へその緒入れなどアイディア商品もいろいろありますが、着物好きなら帯締めを一本ずつきれいに収納できる帯締め専用の引き出しとか、帯専用の箪笥など和装まわりの収納が気になります。

加賀屋

浅草寺宝蔵門のすぐ近くにある昭和二七（一九五二）年創業の呉服店。店名のとおり、ご先祖は金沢で呉服の商いをされていました。華やかな友禅染の訪問着、渋めの江戸小紋、四季折々の柄を描いた染め帯など、どちらかというと古典的な正統派です。

仲見世のすぐ裏という場所柄、多様な客層に合わせて店先には和小物や雑貨もたくさん並んでいます。今は外国人観光客に子ども用の甚平や浴衣が大人気ですが、少し前までは上っ張りや道中着などがよく売れていたのだそう。

店主の守護《しゅご》博明《ひろあき》さんがおっしゃるには「浅草ならではの商売の仕方。観光客向け

松ヶ枝屋

雷門から浅草寺へ続く仲見世商店街。約二五〇メートルの通りの両側には約九〇軒の店が軒を連ね、そのなかの一軒「松ヶ枝屋」は江戸末期から続く老舗です。

巾着、袋物、がま口、ストラップなどの小物や和柄Tシャツなど観光客向けのお土産物と一緒に和装用品も並んでいるのが仲見世らしいところ。

作務衣や甚平は男性用と女性用、また子ども用の可愛らしいサイズも揃っています。着物で働くときには袂が邪魔なので、割烹着や上っ張りは必需品。こちらで売られている木綿のもんぺと、丈が長めの割烹着は掃除や炊事にとても便利です。

私はこの七年間、ほぼ毎日着物で生活していますが、着物の利点として「体によい」ことも実感しています。まず腰痛がなくなりました。これは腰紐と帯を締めているおかげだと思います。お腹に何枚も布を重ねるので、内臓を温める効果があるせいか冷え性がかなり改善されましたし、お通じもスムーズに。また帯があると猫背になりにくく、足を組んだりしないので、洋服のときより姿勢がよくなります。

外出の際のお洒落だけでなく、家でくつろぐときやちょっとした家事をするとき、着物に割烹着というスタイルにチャレンジしてみたら、着物の意外な効果に気づくかもしれません。

の小物が日々たくさん売れて常に現金が入ってくるおかげで、問屋さんへの支払いが滞りなくできるから、信用がある。それで品質の高い着物を安く仕入れることができて、お客さまにもリーズナブルにご提供できるのです」

店先にはお土産用に気軽に買える商品を置いてあるけれども、店の奥には本格的な一流品がちゃんとあるという専門店は、浅草ではめずらしくありません。「気軽に入れる本格派」が浅草らしさだと思います。

ディスプレイされているものはごく一部で、ご主人が長年の経験で選び抜いた着物や帯は、店の奥にしまわれています。「こういうものはありますか？」とお聞きすれば、どんどん出して見せていただけます。

あとがき

去年の春だったでしょうか。浅草へ出かけた折、いつものように里枝さんにご挨拶していこうと辻屋さんを訪ねたときでした。その日も変わらず、自然な和服姿でお店にいた美しい里枝さん。しばらくお話をしたあとに、こんど里枝さんが浅草の着物の本を書かれると聞きました。

それは楽しみ。履物屋さんだから下駄や草履はいうまでもなく、和装全般、それに浅草の歴史や文化もよく勉強されている里枝さんのこと、きっと充実したおもしろい本になること間違いなし、と直感したのです。

ところが。「ついては平野さんに絵を担当してもらいたい」とおっしゃるのでドッキリ。絵を描くとなると、読者としてただ楽しみにしている場合ではありません。責任重大。でも同時にとてもワクワクしてきました。里枝さんと一緒に浅草の着物の本を作れる？　こんなにうれしいお仕事の依頼もそうはありません。なによりも、里枝さんがご著書に入れる絵の担当に自分を選んでくださったことに感激しました。身に余る光栄です。これはなにがなんでも頑張らなくては。その帰り途、辻屋さんから浅草駅へ向って、仲見世通りを武者震いしながらのしのし歩いたことを覚えています。

大学生の頃から浅草の街に惹かれて、友人とよく遊びに来ていました。まだ入場フリーだった花やしきで繰り返しジェットコースターに乗ったり、演芸ホールに忍び込んだり。社会人になってからも、気に入りの居酒屋やお料理屋さんにしきりに通いました。浅草は、東京のどの街とも違う魅力があって、今も友人と遊びに行くには「どこで会う？　やっぱり浅草だよね」となるのです。

さらに、着物を着るようになるとまた別の浅草の魅力に気づきました。着物に帯、和装小物のお店が大変充実しているのです。最初から「かたい」着物が好きだったので、その趣味にも合っていたのかもしれません。まさに「江戸着物」。着物を着始めてしばらくは、それこそ目の色を変えて和装のあれこれを見つけては買っていました。そのころは新仲見世にお店があった辻屋さんでも、下駄や草履を買い物させてもらっていましたが、当時お店にいらしたのは里枝さんのご両親。まだ里枝さんとはお会いしていませんでした。そう思うと、不思議なご縁を感じます。

この本を作るにあたって、里枝さんと編集の藤井恵子さんと三人で何度か浅草へ出かけて取材をしました。何軒ものお店で話を聞くたびに、浅草の着物世界は深いと痛感。仕事だというのに、じっくりと浅草の江戸着物を勉強させてもらえた気分でした。わたくし自身の着物世界もまだまだ。けれど、これを機会にさらに深めることができたというものです。

お仕事の依頼を受けたときにドッキリしたとおり、絵を描くのは大変でしたが、本ができあがってうれしい限り。一人でも多くの方がこの本から浅草着物の魅力を感じてくださったら、なによりのよろこびです。

制作にあたって細やかで的確なサポートをしてくださった編集の藤井恵子さん、大量の絵をていねいにデザインしてくださったアルビレオの草苅睦子さんと奥田朝子さん、晶文社の足立恵美さんにお礼を申し上げます。そして、取材をさせていただいた浅草のお店の皆様にも最大級の感謝を。どうもありがとうございました。

二〇一八年九月一〇日　　秋雨の降る八ヶ岳にて　　平野恵理子

和装お買い物マップ

言問通り
浅草神社
浅草花やしき
浅草寺本堂
宝蔵門
五重塔
浅草小学校
馬道通り
伝法院
コードウェイ商店街
伝法院通り
浅草演芸ホール
浅草公会堂
浅草メトロ通り
仲見世通り
新仲見世通り
松屋
ROX
浅草中央通り
オレンジ通り
すしや通り
雷門
雷門通り
浅草駅
銀座線
1
2
3
4
5
6
7
8
9
10
11
12
13
14
15
16
17
18
19
20
22
23
24

❶ コマチヘア
❷ ちどり屋
❸ はんなり
❹ ヒロヤ
❺ ふじ屋
❻ ほてい屋
❼ よのや櫛舗
❽ 犬印鞄製作所
❾ 今昔きもの胡蝶
❿ 帯源
⓫ 蔦屋袋物店
⓬ 福服浅草店
⓭ 荒井文扇堂
⓮ やまとみ呉服店
⓯ ミドリ屋
⓰ めうがや
⓱ もり銀
⓲ 加賀屋
⓳ 箱長
⓴ 松ヶ枝屋
㉑ 田中染色
㉒ 辻屋本店
㉓ かづさや
㉔ 桐生堂

お店について

福服浅草店 [リサイクルきもの]
住所：台東区浅草1-33-3武石ビル3階
電話：03-5826-1544
営業時間：10:00 ～ 19:00
不定休 ＊新宿店、神楽坂店もあり
https://www.rakuten.co.jp/fukukimono/

今昔きもの胡蝶 [リサイクルきもの]
住所：台東区浅草1-39-11
電話：03-3843-7606
営業時間：10:30 ～ 19:00
年中無休

かづさや [和装小物]
住所：台東区浅草1-18-1
電話：03-3841-0189（本店）
営業時間：10:00 ～ 20:00
定休日：年中無休

ほてい屋 [呉服]
住所：台東区浅草1-16-8
電話：03-3844-0354
営業時間：10:00 ～ 19:00
定休日：月曜

ヒロヤ [呉服]
住所：台東区浅草1-32-3
電話：03-3843-5291
営業時間：10:00 ～ 18:30
定休日：火曜

帯源 [織りの帯]
住所：台東区浅草1-20-11
電話：03-3844-3497
営業時間：11:00 ～ 20:00
定休日：第2・4・5火曜
http://obigen.jp/

はんなり [着物・帯]
住所：台東区浅草1-39-15
電話：03-5830-0155
営業時間：10:00 ～ 18:00
定休日：水曜
http://han-nari.jp/

蔦屋袋物店 [バッグ・袋物]
住所：台東区浅草2-4-2
電話：03-3845-0296
営業時間：10:00 ～ 20:00
定休日：水曜

犬印鞄製作所（本店工房）[バッグ]
住所：台東区浅草2-1-16藤田ビル2階
電話：03-5806-0650
営業時間：9:30 ～ 18:30（月～土曜）・10:00 ～ 18:00（日曜・祝日）
年中無休（年末年始を除く）
http://www.inujirushikaban.jp/

桐生堂 [組紐]
住所：台東区浅草1-32-12
電話：03-3847-2680
営業時間：10:30 ～ 19:00
定休日：年中無休
https://kiryudo.co.jp/

コマチヘア [かつら・小物]
浅草第二号店
住所：台東区浅草1-31-1
電話：03-3841-5523
営業時間：9:30 ～ 18:00
9:30 ～ 19:00（土曜・日曜・祝日）
定休日：年中無休
http://www.komachi-hair.co.jp/

よのや櫛舗 [柘植の櫛]
住所：台東区浅草1-37-10
電話：03-3844-1755
営業時間：10:30 ～ 18:00
定休日：水曜（水木連休もあり）
http://yonoya.com/

ふじ屋 [手ぬぐい]
住所：台東区浅草2-2-15
電話：03-3841-2283
営業時間：10:00 ～ 18:00
定休日：木曜

荒井文扇堂（雷門店）[扇]
住所：台東区浅草1-20-2
電話：03-3841-0088
営業時間：10:30 ～ 18:00
定休日：20日過ぎの月曜（月1回）

辻屋本店 [和装履物]
住所：台東区浅草1-36-8
電話：03-3844-1321
営業時間：10:00 ～ 19:00
定休日：12月31日
http://getaya.jp/

ちどり屋 [おとこ着物]
住所：台東区浅草2-3-24
電話：03-3841-1868
営業時間：10:00 ～ 18:00
定休日：水曜・第2・第3火曜(祝日・年末年始営業)

めうがや [足袋]
住所：台東区浅草2-27-12
電話：03-3841-6440
営業時間：10:00 ～ 19:00
定休日：水曜
http://www.myougaya.com/

もり銀 [江戸金銀工芸]
住所：台東区浅草 1-29-6
電話：03-3844-8821
営業時間：10:30 ～ 18:30
年中無休
http://www.asakusamorigin.com

箱長 [桐工芸]
住所：台東区浅草1-4-5
電話：03-3843-8719
営業時間：10:30 ～ 20:00
年中無休
http://www.hakocho.com/

加賀屋 [呉服]
住所：台東区浅草2-2-9
電話：03-3841-0214
営業時間：10:00 ～ 18:00
定休日：水曜

松ヶ枝屋 [和装小物]
住所：台東区浅草1-31-1
電話：03-3841-0161
営業時間：9:00 ～ 19:00
定休日:第3木曜

ミドリ屋 [舞踊衣裳]
住所：台東区浅草1-30-11
電話：03-3843-1441
営業時間：10:30 ～ 18:00
定休日：毎月第2・4火曜

やまとみ呉服店 [舞踊衣裳]
住所：台東区浅草1-37-8
電話：03-3845-5291
営業時間：10:00 ～ 18:00
定休日：年中無休

田中染色 [悉皆屋]
住所：台東区浅草4-33-4
電話：03-3872-0198
営業時間：9:00 ～ 17:00（月～土）、10:00 ～ 17:00（祝日）
定休日：日曜
http://www.kimono-make.com/

参考文献

田中優子『きもの草子』ちくま文庫
大久保信子『着物の事典』池田書店
大久保信子『着物でおでかけ安心帖』池田書店
早坂伊織『男のきもの大全』草思社
塙ちと『男のきもの達人ノート』ダイヤモンド社
川上千尋・荒井修・塩入亮乗『浅草謎解き散歩』新人物文庫

文 富田里枝 とみた・りえ

1965年、浅草生まれ。2011年、創業百年を目前に浅草の和装履物専門店「辻屋本店」四代目に就任。今の時代に合った和装文化を広げるべく、さまざまなイベントを企画して活躍中。「売りっぱなしではいけない」をモットーに、親切で丁寧に履物を商う姿勢を貫く。他の店とも連動し、浅草の和装文化全般を盛り上げるムーブメントを起こしている。

絵 平野恵理子 ひらの・えりこ

1961年、静岡県生まれ、横浜育ち。イラストレーター、エッセイスト。緻密で美しいイラストと味わい深いエッセイで知られ、暮らしや旅、花、山についてなど、多くの作品がある。着物通としても知られ、『きもの、着ようよ！』『きもの、大好き！』（ちくま文庫）や、『歳時記おしながき』（学研プラス）、『今日から暦暮らし』（山と渓谷社）などの著書がある。

浅草《あさくさ》でそろう江戸着物《えどきもの》

二〇一八年一〇月三〇日　初版

著者　富田里枝　平野恵理子

発行者　株式会社晶文社

〒一〇一-〇〇五一　東京都千代田区神田神保町一-一一

電話　〇三-三五一八-四九四〇（代表）・四九四二（編集）

URL http://www.shobunsha.co.jp

印刷・製本　中央精版印刷株式会社

ISBN978-4-7949-7062-6 Printed in Japan